"南粤品质工程"理念与实践系列丛书

质量篇

广东省南粤交通投资建设有限公司 主编

人民交通出版社股份有限公司
China Communications Press Co.,Ltd.

内 容 提 要

本册为《"南粤品质工程"理念与实践系列丛书》的质量篇,主要内容包括广东省南粤交通投资建设有限公司工程质量管理体系、工程质量过程控制、工程质量提升措施以及典型工程案例。书中系统讲述了省南粤交通公司在工程质量管理方面的规章制度、经验及控制措施,并对省南粤交通公司承建的典型工程案例进行详细介绍。

本书可供工程技术人员和管理人员参考。

图书在版编目(CIP)数据

"南粤品质工程"理念与实践系列丛书. 质量篇 / 广东省南粤交通投资建设有限公司主编. — 北京：人民交通出版社股份有限公司, 2019.12
ISBN 978-7-114-16068-4

Ⅰ.①南… Ⅱ.①广… Ⅲ.①交通工程—质量管理—研究—广东 Ⅳ.①U41

中国版本图书馆 CIP 数据核字(2019)第 268631 号

Nanyue Pinzhi Gongcheng Linian yu Shijian Xilie Congshu　Zhiliang Pian

书　　名：	"南粤品质工程"理念与实践系列丛书　质量篇
著 作 者：	广东省南粤交通投资建设有限公司
责任编辑：	韩亚楠　郭红蕊
责任校对：	孙国靖　扈　婕
责任印制：	张　凯
出版发行：	人民交通出版社股份有限公司
地　　址：	(100011)北京市朝阳区安定门外外馆斜街 3 号
网　　址：	http://www.ccpress.com.cn
销售电话：	(010)59757973
总 经 销：	人民交通出版社股份有限公司发行部
经　　销：	各地新华书店
印　　刷：	北京市宇星舟科技印刷有限责任公司
开　　本：	787×1092　1/16
印　　张：	6.75
字　　数：	113 千
版　　次：	2019 年 12 月　第 1 版
印　　次：	2020 年 4 月　第 3 次印刷
书　　号：	ISBN 978-7-114-16068-4
定　　价：	80.00 元

(有印刷、装订质量问题的图书由本公司负责调换)

丛书顾问委员会

主 任 委 员：周 伟

副主任委员：翁优灵　贾绍明　黄成造　刘晓华　曹晓峰　童德功
　　　　　　张劲泉　李爱民　王红伟

委　　　员：陈明星　刘永忠　兰恒水　李卫民　鲁昌河　张家慧

丛书编审委员会

主 任 委 员：刘晓华

副主任委员：曹晓峰　童德功　兰恒水　李卫民　鲁昌河　张家慧
　　　　　　职雨风　尹良龙　夏振军　张　栋　邱　钰　朱　方
　　　　　　潘奇志　陈子建　乔　翔　姚喜明　程寿山

委　　　员：陈　红　陈　记　孙家伟　余长春　王文州　刘世宁
　　　　　　胡　健　黄锡辉　何际辉　刘　烜　李史华　杨少明
　　　　　　林　楠　何晓圆　王啟铜　邱新林　叶　勇　张国炳
　　　　　　黄少雄　苏堪祥　张　利　李　斌　肖　鹰　张连成
　　　　　　唐汉坤　薛长武　章恒江　彭学军　李　凯　吴育谦
　　　　　　吴俊强　甄东晓　金明宽　曹春祥　和海芳

本册编委会

主　　编：尹良龙

副 主 编：陈　记　王安怀　程寿山　李　斌　姚喜明

编写人员：肖富昌　刘小飞　刘　明　陈清波　谭　勇　王　勋
　　　　　罗　霆　和海芳　武俊彦　刘　靖　周振宇　陈贵锋
　　　　　吴桂胜　南　电　王　波　赖　峰　王仁健　黎景光
　　　　　牛敏强　李根存　谢文怀　罗新才　陈清松

交通是兴国之要、强国之基。党的十九大明确指出,建设质量强国、交通强国,把提高供给体系质量作为主攻方向。2019年9月,中央正式发布的《交通强国建设纲要》,明确提出了推动交通发展由追求速度规模向更加注重质量效益转变,由各种交通方式相对独立发展向更加注重一体化融合发展转变,由依靠传统要素驱动向更加注重创新驱动转变,打造一流设施、一流技术、一流管理、一流服务的要求,为我国未来三十年交通发展擘画了宏伟蓝图和指明了奋斗方向。

推进交通运输"品质工程"建设,就是顺应新时代、新任务、新要求的现实之举,是在工程建设领域贯彻落实《交通强国建设纲要》的必然要求。它的核心要义是将交通基础设施建设的提质增效和转型升级作为主攻方向和动力源泉,以质量变革为主体、效率变革为主线、动力变革为基础,在建设理念、管理举措、技术进步方面有新作为,在工程质量、安全、可持续发展方面取得新成效,全面实现交通运输基础设施建设的转型升级和高质量发展,进而实现由交通大国向交通强国的转变,加快建成人民满意、保障有力、世界前列的交通强国,为全面建成社会主义现代化强国、实现中华民族伟大复兴中国梦当好先行。

交通运输的高质量发展,首先是基础设施工程项目的高质量建设。改革开放以来,我国交通基础设施建设经历了40多年的发展,建成了一批在世界范围内具有影响力的跨海(江)桥梁、长大隧道、大型沿海港口工程,也积累了大量工程建设和管理经验，在工程建设方面已具备了再上新台阶的基础条件。"品质工程"继承和丰富了现代工程管理的理念和内涵，追求工程内在质量和外在品质的有机统一，是一个站在新的历史起点上推进交通建设工程质量转型发展的有力举措，是公路水运建设工程转入高质量发展的序曲和基础支撑。

广东省南粤交通投资建设有限公司主动把握工程建设发展的新趋势，率先开展了"南粤品质工程"创建活动。经过3年多的实践探索，形成了"高质量理念、高质量管理、高质量产品、高质量服务"的南粤品质特色。在实践过程中，桩基标准化、路基标准化、房建标准化作为标准化设计的重要组成部分，丰富和完善了广东省标准化设计体系，促进了工程建设标准化工作的发展。优质优价、优监优酬、双标管理、首件工程制、五赛五比等举措逐一落实，提高了项目建设管理水平。植被修复、废渣利用、"永临结合"等节能减排、生态环保技术的应用，革新了建设理念，推动了绿色发展。数百项微创新成果改进了现有工艺、设备，汇聚了集体智慧，弘扬了工匠精神，提高了生产效率，提升了工程质量。服务设施的人性化、路政管理的标准化、运维养护的数字化，全面提升了营运服务水平。总的来说，广东省南粤交通投资建设有限公司在"品质工程"创建过程中积极探索、勇于创新，付出了艰辛努力，取得了显著成效，展现了良好风采。

《"南粤品质工程"理念与实践系列丛书》就是"南粤品质工程"创新成果的系统总结，从建设理念、设计、管理、质量、创新、绿色、安全、服务、展示等九个方面，全面反映了"南粤品质工程"的创建过程和经验体会，内容丰富、形式新颖、针对性强、推广价值高，可为建设"平安百年品质工程"提供重要的参考与借鉴。开卷有益，我们期待着广大交通工程建设的从业者都能积极地行动起来，主动作为、积极探索、广泛交流、共同努力，不断提升技术、管理和服务，推动交通基础设施高质量发展，促进交通工程项目品质工程建设再上新的台阶。

交通运输部总工程师
2019年10月

跨过山海江河，只为"品质工程"
——记《"南粤品质工程"理念与实践系列丛书》

《"南粤品质工程"理念与实践系列丛书》（以下简称《丛书》）记载了南粤交通人在"品质工程"道路上的汗水和艰辛，见证了南粤交通人在推进高速公路高质量发展道路上的不断提升和超越！

广东省南粤交通投资建设有限公司（以下简称"省南粤交通公司"）于党的十八大之后成立。在那段时期，党和国家的各项事业取得了重大成就，社会面貌发生了深刻变革；彼时的广东，正紧紧围绕习近平总书记在广东考察工作时提出的"三个定位、两个率先"的总目标，不断优化区域协调发展空间布局，举全省之力推进粤东西北地区振兴发展；彼时的南粤交通人，毅然决然地在广东省交通基础设施建设道路上，在"加快高速公路建设，助力粤东西北发展"的高速公路建设大会战战场上，扛起了广东省政府还贷高速公路建设发展的大旗，不断前行。2017年10月，在党的十九大召开前夕，省南粤交通公司站在新时代的门槛上，再一次迎来历史性的发展跨越——经过与广东省交通集团有限公司完成重组改革，在企业发展之路上实现了华丽蝶变。在以"高质量发展"为主旋律的新时代公路建设发展浪潮中，该公司于2017年、2018年分别实现了高速公路高质量通车的企业管理目标，连续2年的通车总里程占全省2年通车总里程的82%；为广东省构建区域平衡、协调发展新格局，助力脱贫攻坚，做出了行业贡献；为广东省高速公路总里程突破9000km、连续5年居全国第一，贡献了"南粤力量"。

省南粤交通公司肩负着约2000km政府还贷高速公路建设营运管理的重任，项目建设总投资额约为2400亿元，新开工高速公路约1618km，占广东省同期新开工高速公路总里程的37%，项目覆盖广东省19个地级市。新开工建设的项目中，有广东省高速公路建设史上单独立项线路里程最长的项目——汕昆高速龙川至怀集段（全长366km），有粤港澳大湾区的重大工程项目——港珠澳大桥珠海连接线，有全省最长的高速公路隧道——金门隧道，还有拱北隧道、通明海特大桥等一大批跨海、跨江、跨河、跨山通道……项目规模庞大，工程技术复杂，施工难度高。

依托上述体量庞大的建设项目集群，省南粤交通公司在积极探索高速公路建设管理现代化管理体系的道路上，以广东省先行先试，以"弘扬现代工匠精神，打造南粤品质工程"为主题，开启了"南粤品质工程"创建活动的新征程。《丛书》全面介绍了"南粤品质工程"的发展脉络，凝聚了南粤交通人在谋求高品质发展道路上的集体思考；体现了"南粤品质工程"以技术为引领，以人为本，以自然为载体，以长寿命安全为目的的高品质高速公路建设体系；有理念与管理，有质量与安全，有设计与创新，有绿色与服务，有全方位、多维度的成果展示，还有南粤交通人对当前公路建设发展的审视和对未来的展望，彰显了省南粤交通公司"大道为公"的内涵。

这套《丛书》既是省南粤交通公司建设工作的总结，也是和国内外同行交流沟通的平台，既可为同类项目建设提供参考，也可为下阶段行业开展"平安百年品质工程"提供借鉴。希望广大公路建设者充分交流、不断总结实践经验，努力推进高速公路建设发展再上新台阶！

广东省交通集团有限公司总经理

2019年9月

目录
CONTENTS

第一章　绪论 01

　　第一节　公路工程质量的重要性 ………………………… 02
　　第二节　工程质量与"品质工程"的关系 ………………… 04
　　第三节　省南粤交通公司质量管理理念 ………………… 05

第二章　"品质工程"质量管理体系 07

　　第一节　公司质量管理 …………………………………… 08
　　第二节　项目质量管理 …………………………………… 09

第三章　工程质量过程控制 13

　　第一节　质量控制计划 …………………………………… 14
　　第二节　质量控制实施 …………………………………… 16
　　第三节　激励机制 ………………………………………… 27

第四章　工程质量提升措施　31

第一节　设计提升工程质量 …… 32
第二节　信息化提升工程质量 …… 35
第三节　标准化提升工程质量 …… 36
第四节　技术创新提升工程质量 …… 42

第五章　"品质工程"质量典型做法　51

第一节　路基工程 …… 52
第二节　桥梁工程 …… 59
第三节　隧道工程 …… 69
第四节　路面工程 …… 76
第五节　附属工程 …… 88

第六章　结语　95

第一章

绪论

"质量"是质量管理中最基本的概念,大家常说"质量是企业之本,质量是企业的生命",放大到行业、国家的层面也是如此。质量就是准则,质量就是忠诚,质量就是责任!质量是工程建设的灵魂和生命,"百年大计,质量第一"是我国工程建设的基本方针之一。建设工程质量是工程建设投资的关键目标,质量的优劣,关系到人民的生命安全,关系到工程的正常运行。无论是企业的发展、工程建设行业的发展,还是国家的发展,质量贯穿其始终。

第一节 公路工程质量的重要性

一、质量的定义

根据国际标准化组织在 ISO 9000:2015《质量管理体系 基础和术语》(GB/T 19000—2016)中的定义,质量是指"客体的固有特性满足要求的程度"。在这个定义中,没有将质量限定于产品或服务,而是泛指一切可单独描述和研究的事物,它可以是活动或过程,可以是产品,也可以是组织、体系或人以及上述各项的任何组合。理解质量概念,在于把握"特性"和"要求"这两个关键词。

首先,质量概念是从"特性"和"要求"这两者之间关系的角度来描述的,亦即某种事物的"特性"满足某个群体"要求"的程度。满足的程度越高,就可以说这种事物的质量越高或越好;反之,则认为该事物的质量低或差。

其次,"特性"是指事物可以区分的特征。固有特性是指事物本来就有的,尤其是永久的特性。"固有"的反义是"赋予"或外在,事物的"赋予"特性如"价格"等,不属于质量的范畴。

再次,"要求"是由不同的相关方提出来的,相关方是指与组织有利益关系的个人或团体,如顾客、股东、雇员、供应商、银行、工会、合作伙伴或社会等。"要求"反映了相关方对于质量概念所描述的对象的需要或期望。"要求"有时是明确规定的,如产品购销合同中对于产品性能的规定;也可以是隐含的或不言而喻的,如银行对客户存款的保密性,即使没有特别提出,也要必须保证;还可以是由法律、法规等强制规定的,如食品的卫生、电器的安全等。

世界著名的质量管理专家朱兰(Joseph M. Juran)从顾客的角度出发,提出了"适用性"的观点,"适用性"就是产品使用过程中成功地满足顾客要求的程度,质量意味着产品在交货时和使用中的适用性。适用性的观点对于重视顾客、明确企业存在的根本目的和使命无疑具有深远的意义。

20世纪90年代之后,欧美诸多专家又提出了一个全新的概念来诠释质量,即"全面质量"。此时,质量的内涵更多,包括工作质量、服务质量、信息质量、过程质量、部门质量、人员质量等。

质量反映一个国家的综合实力,是企业和产业核心竞争力的体现,也是国家文明程度的体现;质量既是科技创新、资源配置、劳动者素质等因素的集成,又是法治环境、文化教育、诚信建设等方面的综合反映。质量问题是经济社会发展的战略问题,关系可持续发展,关系人民群众切身利益,关系国家形象。

党和国家历来高度重视质量工作。新中国成立尤其是改革开放以来,国家制定实施了一系列政策措施,初步形成了中国特色的质量发展之路。特别是国务院颁布实施《质量振兴纲要(1996年—2010年)》和《质量发展纲要(2011—2020年)》以来,全民质量意识不断提高,质量发展的社会环境逐步改善,我国主要产业整体素质和企业质量管理水平有较大提高,产品质量、工程质量、服务质量明显提升,原材料、基础元器件、重大装备、消费类及高新技术类产品的质量接近发达国家平均水平,一批国家重大工程质量达到国际先进水平,商贸、旅游、金融、物流等现代服务业服务质量明显改善,覆盖第一、第二、第三产业及社会事业领域的标准体系初步形成。

21世纪的第二个十年,是我国全面建设小康社会、加快推进社会主义现代化的关键时期,是深化改革开放、加快转变经济发展方式的攻坚时期。在这一重要历史时期,经济全球化深入发展,科技进步日新月异,全球产业分工和市场需求结构出现明显变化,以质量为核心要素的标准、人才、技术、市场、资源等竞争日趋激烈。同时,我国工业化、信息化、城镇化、市场化、国际化进程加快,实现又好又快发展需要坚实的质量基础,满足人民群众日益增长的质量需求,也对质量工作提出更高要求。面对新形势、新挑战,坚持以质取胜,建设质量强国,是保障和改善民生的迫切需要,是调整经济结构和转变发展方式的内在要求,是实现科学发展和全面建设小康社会的战略选择,是增强综合国力和实现中华民族伟大复兴的必由之路。

二、公路工程质量

公路工程质量的诠释不是单一的某一特性,一般我们要求公路工程产品应满足以下特性才可以说其质量满足标准:适用性、耐久性、可靠性、安全性、美观性、经济性。在我国公路工程中,质量的内容不仅仅包括产品自身的质量(即工程实体的质量),还包括工作质量(即参建各方质量行为)。

在公路工程建设中,质量是工程建设的关键,任何一个环节,任何一个部位出现问题,都会给整体工程带来严重的后果,直接影响到公路的使用效益甚至返工,由此造成巨大的经济损失。因此,质量是公路工程的生命。

新形势下,我国公路工程的建设工作正随着国家政策的指引逐步走向更加完善的轨道,由于公路建设是国家基础工程建设的重要组成部分,其建设使用都具有其特有的经济效益及社会效益,加之公路工程建设过程中涉及的主观及客观因素较多,所以,公路工程建设具有多重的复杂性。建设单位以及相关参建单位应当努力提高自身意识,按程序走,按规矩办,把国家和人民的利益放到首位,以发展为前提,以质量为目标。监管单位也应充分合理地发挥其监管职能,各部门共同协作,将我国公路建设事业发展成让百姓放心的工程,在实现自我价值的同时为公路事业的发展贡献自己的力量。

第二节　工程质量与"品质工程"的关系

"品质工程"是践行现代工程管理发展的新要求,追求工程内在质量和外在品位的有机统一,以优质耐久、安全舒适、经济环保、社会认可为建设目标的公路水运工程建设成果。

"品质工程"的具体内涵是体现以人为本、本质安全、全寿命周期管理、价值工程等理念;"品质工程"要求质量管理以保障工程耐久性为基础,体现建设与运营维护相协调、工程与自然人文相和谐,工程实体质量、功能质量、外观质量和服务质量均衡发展。

"品质工程"指导意见具体从以下四个方面加强质量管理,提升工程质量水平。

1. 落实工程质量责任

健全工程质量责任体系,明确界定建设、勘察、设计、施工和监理单位等责任主体质量责任,推动企业建立关键人履职标准和各岗位工作规范,建立岗位责任人质量记录档案,强化考核和责任追究,实现质量责任可追溯,推动落实质量责任终身制。

2. 推进质量风险预防管理

工程项目应强化质量风险预控管理,加强质量风险分析与评估,完善质量风险控制措施和运行机制。健全施工组织设计编制、审查和执行落实体系,严格专项施工方案论证审查制度,强化技术方案分级分类审核责任,全面推行首件工程制,夯实工程质量管理基础。

3. 加强质量过程控制

工程项目建立质量目标导向管理机制,严格执行工序自检、交接检、专检"三检制"。加强设计符合性核查评价,深入实施质量通病治理,实施成品及半成品验收标识、隐蔽工程过程影像管理等措施,强化质量形成全过程闭环可追溯。积极应用先进检测技术和装备,建立工程质量信息化动态管理平台,加强质量过程管控。

4.强化工程耐久性保障措施

加强工程耐久性基础研究工作,创新施工工艺,加强关键结构、隐蔽工程和重要材料的质量检验和控制,切实提高工程耐久性。

第三节　省南粤交通公司质量管理理念

"南粤交通,大道为公"是广东省南粤交通投资建设有限公司(以下简称"省南粤交通公司")的核心价值,也是整个企业文化体系的统领。其内涵涵盖了公司的企业愿景、企业使命、核心价值观与企业精神:"南粤"领衔公司的愿景;"交通"体现公司的使命;"大道"概括公司的精神;"为公"展现公司的信仰与责任。公司秉持公心,以"南粤交通,大道为公"为核心价值观,勇于承担"服务区域发展,福祉社会民生"的企业使命和"落实职责,关心员工,服务社会"的公司责任,践行"至精,至诚,至廉"的企业精神,为实现"成为广东交通基础设施建设与管理的领跑者"的美好愿景而不懈奋斗。

追求品质、超越自我是省南粤交通公司对工程质量的要求。不断创新,科学管理,提高服务、营运品质,做到品质过硬,保养到位,实现出行通畅,给出行者营造舒心、美好的出行体验是公司工程质量的目标。

南粤交通人致力于从综合质量上追求高品质。设计、施工及管养严要求、高标准,落实标准化建设,综合质量管理走在全省前列。营运管理工作追求同行领先的高服务水平,树立政府还贷高速公路的优质品牌。同时,南粤交通人不满足现状,在品质上不断追求完美,实现自我超越,持续创新;在工程建设上不断改进生产工艺,提高工程质量,打造精品工程、塑造企业品牌。

公司围绕创建"品质工程"的要求,把"品质工程"创建向各个版块延伸,树立了一批经得起时间和实践检验的"品质工程"示范项目,成为广东省交通运输行业典范,打响省南粤交通公司的"品质工程"品牌。

第二章

"品质工程"质量管理体系

省南粤交通公司公路工程项目质量管理建立、执行"政府监督、法人管理、社会监理、企业自检"的四级质量保证体系。法人管理按照项目法人执行、公司监督管理的模式进行。项目管理中心(处)是工程质量的直接责任单位,对工程的设计、招标、监理、施工、材料供应等负具体质量管理责任。

第一节　公司质量管理

根据交通运输部《公路工程质量管理办法》和《国务院办公厅关于加强基础设施工程质量管理的通知》、广东省交通运输厅"双标管理""优质优价、优监优酬"以及其他基本建设法规和有关文件精神,为加强项目工程质量管理,实现公司的项目质量管理目标,省南粤交通公司制定了《基本建设管理办法》《公路工程建设质量管理办法》等规章制度,对工程质量管理目标、工程质量管理职责、工程建设各阶段的质量管控重点、质量事故的处理程序及惩罚机制等进行了明确,从制度上对工程质量管理进行严格把控,对所属各项目质量管理进行统一指导。

一、公司质量组织机构

公司质量管理实行班子和部门负责制,公司总工程师作为质量分管领导,统筹全公司项目质量管理工作,基建管理部作为质量管理部门,设分管质量的副部长和质量管理专员,落实公司质量管理各项工作,具体负责公司质量管理制度编制,实施质量监督管理、检查、指导工作,依据管理办法对项目质量管理工作实施考核。

二、公司质量管理职责

公司作为所属各单位建设项目工程质量监管单位,按照"监督、检查、指导、服务"八字方针开展管理工作,具体为:

(1)指导建设项目贯彻执行工程质量管理的各项法律、法规、政策与行业规范。

(2)负责建章立制,制定公司公路工程质量管理办法,制定相关管理要求、工艺标准、实施细则等,统一规范各建设项目质量管理行为。

(3)对建设项目工程质量进行指导、监督。通过开展日常巡查、例行检查、专项检查、综合检查等方式对项目质量管理行为以及工程实体质量情况进行检查和指导,督促项目落实质量管理责任和提升工程质量。

（4）跟进指导工程交竣工验收工作。

（5）跟踪工程质量管理动态。

（6）依据公司考核管理办法对项目工程质量实施考核。

三、公司主要质量管理制度

省南粤交通公司质量管理制度体系是在国家法律法规基础上，严格执行广东省交通运输厅关于质量管理相关要求，以《基本建设管理办法》《公路工程建设质量管理办法》两项基本制度为核心，以相关管理要求、实施细则等形式作为制度扩展和外延，建立了横向涵盖设计、土建、路面、交通工程、绿化等专业，纵向包括设计阶段、建设阶段、交竣工验收阶段的制度体系。主要质量管理制度有《基本建设管理办法》《公路工程建设质量管理办法》《建设项目勘察设计管理工作指南》《公路工程变更管理办法》《业主代表工作指南》《参建单位进场指引》《路面管理工作指南》《桥梁伸缩缝质量管理要点》《路基 桥梁 隧道中间交验工作要求》《高速公路建设项目施工后期交叉作业协调管理工作指南》《路面标线质量管理要点》《竣工文件首件验收实施指南》《建设项目考核管理办法》等。

第二节　项目质量管理

项目成立质量管理领导小组，负责工程质量管理的组织领导工作，并接受公司、交通集团、质量监督管理部门以及行业管理部门的监督管理。各参建单位在质量管理领导小组的统一领导下开展质量控制工作，强化施工前、施工中的质量控制管理，认真开展完工后的质量验收工作，质量责任落实到人，执行标准准确到位，确保各项质量管理制度办法落到实处。

一、项目质量管理机构

各管理中心（处）是项目工程质量的直接责任单位。项目业主对工程质量进行统筹管理，对工程的设计、招标、监理、施工、材料供应等负具体质量管理责任。管理中心（处）设立项目质量管理领导小组，管理中心（处）主任是第一责任人，分管工程质量的副主任或总工程师是直接负责人。项目各参建单位相应成立质量管理领导小组办公室，在管理中心（处）质量管理领导小组领导下负责开展具体的质量管理工作。

项目采用监理和试验检测中心分离的机制，将原来由监理负责的试验检测工作从监

理工作中剥离出来,成立独立的第三方检测中心,对项目业主负责,负责原来的监理试验检测工作并代表业主进行抽检工作。

二、项目质量管理职责

管理中心(处)全面负责项目的质量管理工作,在质量管理方面主要履行以下职责:

(1)建立健全质量保证体系,建立质量管理制度,落实质量责任制,对建设项目的工程质量全面负责。督促从业单位建立健全完善的质量保证体系和质量责任制。

(2)严格履行基本建设程序,依照有关工程建设的法律、法规、规章、技术标准、规范和合同文件,组织建设项目的具体实施。

(3)严格按国家法律法规有关规定选择具有相应资质和能力的设计、监理、检测、施工单位,招标文件中应有严格的质量控制标准。

(4)负责项目从业单位的现场派驻机构、人员、设施的审查监管工作,客观地对从业单位进行信用评价。对工程质量标准、监理规范的执行情况进行监督管理,对监理、试验检测实施细则进行审查和监督管理,定期对从业人员进行考核,撤换不称职人员。

(5)建立质量检查及跟踪制度,组织日常巡查、月度质量检查和阶段性质量大检查,建立质量管理台账,落实日常质量管理具体措施,及时掌握工程质量动态,进行动态管理。

(6)扎实推进"双标管理",努力提高工程实体质量,创建良好的公司质量管理品牌。

三、项目质量管理制度

各项目管理中心(处)在公司质量管理制度构架下,根据项目实际开展制度建设,构建涵盖责任体系、工程管理、质量监督检查、奖罚制度体系。

(一)基本质量管理制度

主要包括工程技术管理办法、监理管理及考核办法、试验检测管理及考核办法、原材料管理办法、勘察设计管理及考核办法、工程变更管理办法、工程建设质量管理办法、优质优价奖励办法、优监优酬奖励办法、工程项目档案管理办法等。

(二)程序控制类管理制度

主要包括首件验收实施管理办法、地基换填施工管理办法、桩基终孔管理办法、工程质量举报管理制度、路基交验实施细则、路面基层(底基层)水泥质量管理办法、路面工程集料质量管理细则、沥青(含改性沥青)采购供应管理细则、路面工程"零污染"施工管理细则、路面工程工作面验收管理办法、房建工程管理指南、房建工程首件验收管理办法、交安工程施工管理办法、沿线原生苗木移栽实施管理办法、景观绿化施工界面移交管理办法、文明施工与环境保护管理办法、污水控制管理办法等。

（三）标准化管理制度

主要包括临建设施、人员管理、材料管理标准化管理手册、路基施工标准化管理手册、桥梁施工标准化管理手册、隧道施工标准化管理手册。

第三章

工程质量过程控制

第一节　质量控制计划

质量控制计划是对质量管控目标进行统一明确,对具体工程、工序、人员等做出明确的安排,对施工过程可能影响工程质量的环节进行控制,以合理的组织结构、合格的人员分配、必要的控制手段确保工程质量。

一、质量管理目标

(1)公司工程质量管理总体目标:①交工验收阶段须达到合格工程要求,竣工验收阶段须达到优良工程要求;②杜绝发生较大及以上质量事故,有效防止发生一般质量事故,尽可能减少质量问题;③基本消除质量通病。

(2)各项目在满足公司工程质量管理目标的基础上,结合项目实际制定项目质量管理目标,质量目标必须在项目工作大纲中加以明确,并在项目相关管理制度中进行细化。

(3)鼓励具备条件的项目申报相关奖项。

二、"品质工程"创建计划及措施

省南粤交通公司从2016年8月开始,在所属各建设项目中开展"南粤品质工程"创建活动,活动总体目标以推进和提升设计理念、现场管理、路域景观、服务能力四个方面为重点,在公司所属各高速公路建设项目中营造良好氛围,扎实推进各项工作。到2020年底,将建成一批经得起时间和实践检验的"品质工程"示范项目,力争形成一套可复制可推广的典型经验与做法,讲好品质工程和现代工匠故事,努力打造"公路交通优质工程(李春)奖"工程,争做广东省交通运输行业典范。

(一)培育"品质工程"建设理念

1. 弘扬现代工匠精神

加强舆论宣传,将"精益求精、追求卓越"的工匠精神引入项目建设一线,立标杆、树典型,实现弘扬"现代工匠精神"和打造"南粤品质工程"的有机融合,激发参建各方积极性和创造力。

2. 坚持以人为本理念

注重教育培训,坚持"引进来"与"走出去"相结合,让广大项目建设者尤其是项目"关键人"和"南粤品质工程"创建活动达成共识,加强个人能力建设,使广大项目建设者认识、理解并扎实推动"品质工程"创建。

(二)推进现场管理提升行动

1. 优选原材料与产品

做好原材料进场前的准入管理,同时做好原材料使用过程中的检验检测工作,坚决杜绝伪劣、低劣产品进入工程实体,切实把好原材料质量关。

2. 优选专业施工队伍

以工程项目为依托,深耕班组建设,通过开展劳动竞赛、奖优罚劣等多种手段,促进一线施工队伍的进步,对不满足要求的班组坚决予以清场。同时,统筹做好检查指导与培训管理,提升专业化施工能力,培育工匠精神,打造工匠队伍,使施工队伍建设向专业化、精细化迈进。

3. 优选设备与工艺工法

倡导以设备保工艺、以工艺保质量、以质量提品质的理念,重点加强对路基、桥梁、隧道、路面等关键生产设备的选型,鼓励创新,大力推广机械化、智能化施工与先进适用的工艺工法,加强施工信息化监控管理,对部分材料生产运输环节、关键施工环节进行实时监控。要求预制场配备智能预应力张拉压浆设备。

4. 深化"双标管理"手段

加大质量管理力度,杜绝"重主体、轻附属"管理局面的出现。结合优质优价条款,加大"标杆工程"培育。继续以实体工程标杆创建为质量管理工作重点,扩大标杆工程覆盖范围,强化比对看齐意识,引导项目建设向提高工程实体质量聚焦发力。

5. 做实"首件制"管理

持续将"首件制"引向深入,适时开展专项检查,对于大面积铺开后质量下滑反复、管理变形走样的,要重新做首件,严厉打击"首件制"与全面施工"两张皮"现象。

6. 提升结构物外观质量

将结构物外观质量的提升作为"南粤品质工程"创建的重要指标,通过原材料、模板准入制、配合比设计、浇筑工艺等质量控制措施,实现各类结构物线条顺适,表面平整、光洁,色泽自然,均匀一致。

7. 强化质量通病治理

改变治理思路,强化技术方案在质量通病治理中的支撑保障作用,在施工过程中着力解决钢筋保护层厚度、隧道防水、结构裂缝处理及防腐等常见质量问题,以桥头跳车、混凝

土开裂等内容为重点,全面开展项目建设全过程的质量通病治理,务求实效。

8. 坚持"品质工程"数据说话

明确质量控制底线,全面执行预应力张拉施工的第三方锚下预应力检测,推广成熟适用的监控和检测数字化、可视化与智能化技术在隐蔽工程和关键部位施工中的应用,积极应用具有便捷、无损、数据自动采集与传输等特征的先进检测装备,提高检测技术能力,量化控制指标。

第二节 质量控制实施

质量控制实施主要是通过各种质量控制措施对工程质量进行控制,确保质量最终达到提前制定的质量管理目标。

一、公司统筹质量管控

(一)统筹指导

1. 以制度为纲,规范管理

省南粤交通公司建立和完善了以《基本建设管理办法》《公路工程建设质量管理办法》为核心的质量管理制度体系,过程中及时发布工程质量类指导性文件,基本形成了涵盖各管理流程、重点工作有指导意见或实施细则的制度体系。

2. 将"双标管理"要求纳入招标文件和合同,刚性要求承包人落实相关管理要求

3. 固化业主主导思想和问题导向机制

公司层面以"监督、检查、指导、服务"为原则,通过建章立制立规矩、监督检查促改进、指导服务提效能、考核评比促提升,坚持严字当头规范管理,实字托底解决问题,形成良好导向,助推项目建设。建设项目根据公司要求,业主全面主导建设各环节工作,树立良好的服务意识,积极解决建设过程中的疑难杂症,以问题为导向,规范高效推进项目建设。

4. 先行先试,开展"品质工程"创建活动

2016年,省南粤交通公司在广东省范围内率先启动开展"品质工程"创建活动,制定出台了《"南粤品质工程"创建活动方案》,通过推进和提升设计理念、现场管理、路域景观、服务能力四个方面为重点,在公司所属各高速公路建设项目中积极营造"品质

工程"活动氛围,稳步推进各项工作。

5.质量管理形成总结—改进—提高的模式

为提高工程整体质量管理水平,及时进行项目建设成果整理,公司汇总了多个项目的常见质量通病问题,涵盖工程施工资料、工地试验室、拌和站及原材料、钢筋加工场、路基工程、桥梁工程、隧道工程、路面工程八大分项内容,以警示项目的后续质量管理,方便公司参建人员尤其是项目业主从程序、细节和技术措施等方面查漏补缺,不断提高质量管理意识和水平。图3-1为汇总后的《质量通病图册》。

a) b)

图3-1 《质量通病图册》

6.开展"标杆"创建

成果汇总形成《工艺工法交流图集》(图3-2),以照片的形式将公司所属项目的工艺工法成果进行总结展示,涵盖预制场建设、路基工程、桥梁工程、隧道工程、路面工程等多个分项,并分发各个项目交流学习,促进了质量管理水平的不断提升。

a) b)

图3-2 《工艺工法交流图集》

7.组建专业技术小组,解决现场实际问题

整合全公司人才技术资源,组建了结构、隧道、路面、机电4个专业技术小组,服务公司全局技术管理。专业小组以技术培训与咨询、重大方案审查以及重要现场问题处理等方式多人联合或个人开展工作,并实行定期会议、适时研讨、不定期提交技术管理建议、组织培训与讲座等工作。图3-3为技术小组会议。

a)

b)

图3-3　技术小组会议

8. 各项目之间交流学习,相互促进

省南粤交通公司固化半年基建会议制度,坚持数据分析并提出精准要求;不定期组织召开各类专题总结、经验交流、专题学习等会议,对建设过程中的问题及时汇总分析,对一些好的做法鼓励推广,对新技术和新工艺进行宣贯学习。

（二）监督检查

以检查为手段,强化管理责任落实。省南粤交通公司层面实行N+1质量检查督导模式对项目质量进行监管。公司每年组织开展一次覆盖所有在建项目的质量安全综合大检查,并结合实际,适时开展日常巡查和桥梁、隧道、路面、高边坡等专项检查。历次综合检查和专项检查均以检查通报形式要求项目对问题进行整改,结果纳入公司对项目的年度绩效考核中。在监管方面,坚持问题导向和数据说话,每年均对各项目质量检查指标进行统计分析,横向与全省平均指标进行比对,纵向与公司历年检查指标进行比对,找差距、补短板,精准发力,针对性地解决存在的问题。

（三）考核导向

1. 纳入年度考核

省南粤交通公司建立了《在建单位绩效考核办法》,将项目领导班子、中层管理人员和其他人员的年度绩效工资与年度考核等级挂钩,根据项目年度广东省质量监督站综合检查评比结果直接对管理人员绩效工资进行调整,项目连续两次在广东省质量监督站综合检查评比中为较差等级的,按审批权限对其负责人和分管领导进行免职处理。

2. 严肃问题追责

省南粤交通公司制定质量事故问责制,要求项目明确质量事故处理程序,按照程序对质量事故进行管理,并对突出质量问题及质量管理不到位的项目管理中心(处)进行约谈追责。具体要求如下:

(1)项目实施过程中的重大质量、安全事故或重大险情,管理中心(处)在迅速处理的同时,应将有关情况在规定时间内报告公司和有关单位。

(2)重大质量事故由管理中心(处)牵头,公司协助,由上级主管部门负责处理。

(3)一般质量事故及工程质量问题原则上由管理中心(处)会同监理工程师负责处理,并按要求将有关情况及时报备公司和有关单位。

(4)任何单位和个人均有权力和义务将发现的工程质量事故报告有关部门。对事故隐瞒不报、谎报、故意拖延报告期限的单位和责任人,按有关规定予以行政处罚和经济处罚。

3. 信用评价

省南粤交通公司要求项目建立日常质量管理的信用评价考核制度,将日常质量管理行为及质量问题作为各从业单位年度信用评价的主要依据,并纳入每年广东省交通运输厅对从业单位的信用评价中。

二、落实工程质量责任

省南粤交通公司各项目在建设过程中遵守国家有关法律、法规和规章,对工程项目质量责任进行了明确的划分:建设管理单位对工程质量负管理责任,勘察单位对勘察质量负责,设计单位对设计质量负责,施工单位对施工质量负责,监理单位对工程施工质量负监理责任,试验检测单位对试验检测结果的真实性和准确性负责。勘察、设计、施工分包单位分别对分包合同范围内的勘察、设计、施工质量负责,总包单位负总责;其他从业单位按照有关规定和合同要求对其产品或者服务质量负责,委托或采购单位按合同约定负连带责任。

项目管理中心(处)要求参建各方分解落实工程建设各岗位、各环节质量责任,明确质量责任人。针对项目管理中常见的"管理人员人证不符""持证人员不在现场"等管理乱象,各项目管理中心(处)狠抓履职责任落实,明确界定参建各方的责任,签订质量责任书,实施质量登记制度、责任人档案制度从而压实责任终身制,将项目质量落实到个人,保证了关键责任人的在场有效时间。省南粤交通公司在项目管理中不断总结提升,从公司层面形成了行之有效的管理办法。

1. 制度明确

各项目在公司领导下编制各自的《质量管理办法》,规定了工程质量责任制,建立健全界面清楚、责任明晰、控制严谨的质量保证体系和质量岗位责任制,制定统一的质量管理制度及办法,对管理处、设计单位、监理单位、承包人等各参建单位明确了其岗位工程质量管理职责;规定各单位需建立健全质量保证体系和质量岗位责任制。

2. 责任登记制

各项目要求承包人、监理单位、试验检测单位明确各部门、各岗位质量责任界面,提高各操作层质量责任意识。项目采用《公路建设项目施工质量责任登记表》的方式,对设计、勘察、监理、试验检测、施工等各参建单位具体实施人员全部登记,落实到具体分部工程,登记内容包括人员身份证、职称、实施时间、负责内容等关键信息,做到了施工质量可追溯。

3. 质量责任人档案制

项目建立了工程质量责任人档案制,将各单位工程的质量责任人全部登记在案,档案中包含质量责任各方人员的身份证号码和手机号码等信息,单位工程质量实现具体责任人终身追溯。

4. 严格履约

项目要求监理及试验检测单位分别上报总监办及检测中心进场人员,由管理中心(处)审批,管理中心(处)联合总监办及试验检测中心对施工单位工地试验室及其现场施工管理人员进行履约检查。

三、推进质量风险预防管理

质量风险管理是一个系统化的过程,是在产品整个生命周期过程中,对其进行风险识别、衡量、控制以及评价的过程。质量风险预防是指采取预防措施,以减小质量问题损失发生的可能性及降低损失程度。质量风险预防管理属于质量风险管理的一个部分。

创建"品质工程",提升项目工程质量,应推进质量风险预防管理,加强质量风险分析与评估,完善质量风险控制措施和运行机制,健全施工组织设计编制、审查和执行落实体系,严格专项施工方案论证审查制度,强化技术方案分级分类审核责任,全面推行"首件工程制",夯实工程质量管理基础。

(一)开展质量风险识别

针对质量风险预防,项目编制了《公路工程风险评估》《质量风险管理大纲》《工程质量风险管理办法》《高速公路工程质量风险识别及控制措施》等管理制度。其中,《公路工程风险评估》明确了公路工程项目质量风险防范及对策;《质量风险管理大纲》针对质量风险因素,重点加强相关施工专项方案的审查,强化质量风险防控体系;《工程质量风险管理办法》确定了项目质量风险管理职责,对主要质量风险源进行了分析,明确了主要质量风险源监控要点;《高速公路工程质量风险识别及控制措施》针对作业活动确定风险因素,提出控制措施。

(二)质量隐患提前排查

项目开工前,根据项目自身工程特点对整个项目的常见质量隐患点及关键质量控制点进行排查梳理,并明确相关责任人,定期巡查、不定期抽查,实时更新、动态评估,最大限度消除质量风险因素。

(三)建立项目质量指标台账

建立项目质量指标台账,涵盖广东省交通运输工程质量监督站综合评比检查的主要指标以及《广东省高速公路建设标准化管理指南》明确提出的质量通病,并结合项目工程实际进行排查梳理完善。施工过程中通过企业自检、监理日常检查、项目业主组织的每月综合大检查及专项检查等手段,对质量指标进行梳理分析、通报、追踪,促进实体工程质量全面提升,努力消除质量通病。

(四)制定关键工程"质量红线"

根据项目工程特点,制定关键工程质量管控指标,实施重点管控。如仁博项目仁新段制定了主体土建"十八项"、路面"十一项"、房建"十三项"、交安"九项"、机电"十二项"和绿化"六项"关键工程质量管控指标,并分别设定了"红线合格率"和"目标合格率"。明确低于"红线合格率"的,一律返工处理,对综合低于"目标合格率"较大范围的,对合格率指标相对较低的结构物进行返工,以保障"目标合格率"。通过施工过程中动态管控,有效保障关键工程施工质量。

(五)材料、设备、模板准入制度

各项目实施关键材料、关键设备、大型构件模板的准入和清退机制,从源头确保加强施工质量控制。

1. 原材料准入制度

根据材料对实体工程质量影响的重要程度,将原材料分为甲供材、甲控材、自购材、自产材 4 种,并分别制定了材料的准入方式和清退制度。

(1) 甲供材：主要指钢筋、水泥、钢绞线、沥青。由项目业主通过招标方式统一选定材料供货人，由施工单位与项目业主、供货人共同签订供货合同，供货人按施工单位实际需求按计划供应材料，项目业主负责监督合同各方严格履行供货合同。当甲供材料出现质量不合格情况时，必须做退货处理，供货人必须无条件接受，问题严重的，直接通报供货法人，并纳入企业信用评价。

(2) 甲控材：主要指桥梁支座、伸缩缝、土工材料、锚具等关键材料。首先在合同中明确甲控材料准入范围和准入条件，对生产企业的注册资金、生产能力、经营业绩、产品质量证明资料等做出明确规定，规定产品质量被质量监督主管部门通报并在有效期内的产品不得采用。甲控材料选用前，要求各施工单位上报符合条件的供货商名单，由项目总监办、项目业主逐级审批后形成项目相应材料的供货商名单，各施工单位可在批准的供货商名单中择优采用。为督促供货商注重产品质量，针对甲控材料设立产品质量退出机制。对当次质量检测结果不合格的产品，则将该项目进场的该批次所有产品按退货处理。如果该品牌材料累计2次发现产品检测结果不合格的情况，则该品牌产品严禁在该项目中使用。

(3) 自购材：主要指砂、碎石地材。由施工单位自行采购的，须在合同中约定，材料选购时必须上报总监办审批后方可进场使用。同时，对自购材设立产品质量缺陷阶段性停用机制。

(4) 自产材：主要指施工单位隧道洞渣、边坡石方重复利用加工生产的碎石。首先在施工招标中将有条件加工生产的洞渣纳入相应合同捆绑招标，并对施工单位自行加工生产的碎石实施质量监管，所加工碎石经检验合格后方可准予使用，并对自产材料设立产品质量缺陷停产机制。生产过程中如发现碎石质量检测不合格，则给予停产处理。

2. 设备准入制度

实施关键施工设备进场准入制。主要指拌和设备、摊铺设备、碾压设备、试验设备、张拉压浆等设备。设备进场前，须按合同约定将设备规格、型号、功率、产品质量合格证明等信息上报总监办，经监理单位审批后方可进场。若设备不能满足现场施工需求，项目业主有权要求施工单位继续调派或购买、租赁相关机械设备和仪器。

3. 大型模板准入制度

大型模板主要指预制梁模板、墩柱模板、盖梁模板、隧道衬砌台车等大型组合钢模板，合同要求大型钢模板进场前必须报监理单位和项目业主逐级审批，有必要时需要提前通知对模板实施厂验，将检查关口前移，确保模板进场质量。施工过程中出现模板损坏、变形等情况，必须修复、调整或更换全新模板，经重新验收合格后方可使用。

（六）严把方案关

严格实行施工组织计划审批及专项施工方案审查制度，切实做到方案审批在先，现场施工在后。施工过程中须严格按照批复的方案实施，避免方案、执行"两张皮"现象。

1. 严格落实重大方案施工法人单位审查机制

要求施工单位进场时，其法人单位派驻专业团队调查了解现场情况，对工程规模、地形地貌、沿线地材、工程重难点等进行充分研判，据实编制总体施工组织计划，并由法人单位技术负责人审核签字，盖法人单位公章后方可上报审批；对于重大专项施工组织方案，同样由法人单位技术负责人进行审核把关，签字确认后方可上报，充分发挥企业法人单位的技术保障作用。

2. 项目业主牵头审查总体施工组织计划

要求总体施工组织计划编制完成并经法人单位审核完成后，由项目业主组织施工单位和监理单位先期召开审查会，对总体施工组织规划的合理性进行充分沟通讨论，提出修改意见。

3. 推行重大施工组织方案相互审查机制

总体施工组织方案、重大专项方案评审时，可邀请项目其他施工单位专业技术人员参与审查，充分利用项目技术资源，加强横向沟通交流，互学互鉴，共同提高。

4. 严格落实方案审批

督促监理单位严格执行施工组织计划审批和专项施工方案审查制度，通过召开专门会议，邀请项目业主参加，针对方案充分审查论证，严格把关，并按程序审查批复。同时，建立方案审批台账，确保方案编制审批不遗漏。

5. 重点监督方案落地

施工过程中重点检查各道工序是否严格按照批复方案实施，进行动态管理。对不按方案实施的人员采取严厉处罚措施。方案出现重大变化时，应重新审批，确保现场严格按方案实施，避免方案、实施"两张皮"现象。

（七）严抓首件工程

"首件工程认可制"是指施工单位选择所有同类型的分项工程中第一个施工工程作为首件工程。施工过程中加强控制，精心组织实施，并做好相关记录，及时修正作业指导书和施工工艺。首件工程完成后，由项目业主和总监办联合对该工程施工工艺、施工质量等进行综合评价及总结，达到优良工程标准后作为示范工程予以推广，后续同类工程的施工质量均不得低于示范工程标准。

实行两阶段首件制,第一阶段按正常的土建施工分项工程首件制进行,首件验收完成后编制形成施工作业指导书,并向各施工班组宣贯和交底;第二阶段为施工工艺标准稳定性评价阶段,要形成规范化的施工习惯和高质量的控制标准。在首件工程完成并逐步铺开施工后,以完成总工程量的20%左右为节点,汇总相关过程检测数据和问题,召开专题会进行工艺稳定性分析,及时提出改进意见并贯彻落实。

建立首件工程台账和信息公示,严抓首件工程实施过程管理,树立"标段小首件,全线大首件"管理理念,针对项目做得好的关键部位首件工程可由项目业主及时组织全线现场观摩会等形式进行全线推广,通过树立全线首件标杆,严明质量要求和底线。

(八)业主全面主导实施过程质量管控

项目业主的质量管理工作始终将"业主全面主导"这一核心思路贯穿于项目建设全过程,质量管理、技术管理、档案管理、变更管理等各项工作均以业主为主导,同时成立工程技术管理团队,由管理处总工程师牵头、各专业工程师分专业负责,严格工程技术管理和质量管理。

质量检查是除施工单位执行"三检制"之外最有效、最直接控制工程质量的手段,项目业主始终坚持质量综合大检查与各专项质量检查相结合的检查模式,由项目业主主要领导亲自带队,以检查发现问题为主,针对检查发现的问题进行现场通报,并留存过程影像资料,及时下发检查通报,督促整改。

注重问题整改效果,通过质量问题分级、分专业督办的方式,确保问题切实整改到位,避免检查流于形式,问题得不到根治。如仁博项目仁新段针对日常质量检查发现的问题率先提出"A、B、C"分类督查模式,结合发现问题的严重程度分A、B、C三类,由项目业主工程管理部副经理或专业工程师以上人员(A)、标段长(B)及监理组长(C)分级负责、分级复查,确保问题整改到位。通过以项目业主检查为导向,持续规范各参建单位的质量管理行为,促进实体工程质量全面提升。

四、加强过程质量管控

(一)优选设备及工艺工法

为切实提高项目质量管理水平,鼓励"四新技术",推进机械化施工作业水平,改进施工工艺,提高施工功效,倡导资源有效利用,强化安全生产,省南粤交通公司依托项目大力开展创新型施工工艺、施工机具和创新技术的推广应用。对经项目认可并书面提出推广,且所推荐工艺、机具、技术创新在项目中实际应用效果良好的,经评审通过,对申报单位实施奖励。评审主要从质量提升效果、施工安全性的改善程度、劳动力的优化程度、功效提高程度、利于推广程度、环保程度、成本投入等方面实施考评。此举极大地调动了各参建单位及广大建设者的积极性、创造性,有效提高施工质量和安全保障措施。

(二)全面推行机械化施工

为切实提高机械化作业水平,努力消除人为不稳定因素对工程实体质量产生的影响,有效改善工人作业强度和施工环境,提高工作效率,省南粤交通公司所属项目在推广机械化施工方面进行了大胆尝试和创新应用。桩基钢筋笼滚焊机、钢筋数控弯曲中心、预制梁行走式液压模板、隧道钢筋网片自动焊接机、隧道锚杆缩尖机、隧道初支混凝土湿喷机等一大批先进设备机具已成为南粤项目的标配,同时,项目参建各单位各显其能,联合设备生产厂家研发了隧道拱架钢筋自动压花机、路堑边坡物料运输机等新型设备机具,创新性引入机械臂进行钢筋自动焊接加工,确保了工程施工质量稳定可靠。

(三)创新质量监管手段

利用无人机航拍墩顶、支座垫石、高边坡截水沟等日常质量管理薄弱环节,对其进行辅助质量管控;利用管道内窥镜对隧道初支混凝土的密实性、初支背后空洞等问题进行直观判定,进一步丰富了质量检测手段,有效减少了质量监管死角。

(四)借力信息化管理

1. 借力信息化管理,提高现场施工管理效率

一是普及了工地试验室和拌和站信息化管理系统,实现数据同步传输("互联网+试验室/拌和站"),质量问题及时预警;二是建立了工地试验室、拌和站、现场重要工点的视频监控系统,实时掌握作业情况;三是推广采用沥青路面摊铺碾压自动监控系统,通过跟踪掌握压路机的碾压轨迹,对沥青路面的施工质量进行实时监管;四是建立了省南粤交通公司质量管理系统,实时掌握原材料、工程实体质量检测数据波动情况,以实体数据指导管理;五是积极试点BIM(建筑信息模型)技术在桥梁和隧道管理中的应用。

2. 施工过程信息化管理

依托互联网,建设质量安全大数据库。在日常检查、巡视过程中,通过总监办、试验检测中心收集日常工作信息,将存在的质量安全隐患信息系统地录入到该数据库平台,针对录入的相关问题及检测数据进行统计分析,并及时将存在的质量安全隐患信息进行系统性的纵横向比较,了解现场施工存在的不足及薄弱部位,重点跟进存在的问题,督促施工单位落实整改,确保工程质量。

3. 积极探索二维码信息技术在原材料管理中的应用

通过扫描现场的二维码,在手机中显示料仓材料型号、进场材料指标、使用结构部位、材料筛分、使用结构物配合比等信息,大大提高原材料管理效果。

(五)督促"三检制"落实

"三检制"是为保证产品质量,企业建立的自检、互检、专检相结合的质量检验制度。"三检制"是在施工过程中控制产品质量、减小质量累积风险最有效的管理措施,但是由于"三检制"为施工单位的内部检查程序,在实际施工中往往流于形式,很难起到多层质量把关的作用。

省南粤交通公司各项目采用多种管理手段,狠抓"三检制"的落实,明确工程质量目标及相关质量保障措施,并将相关质量控制措施落实到每个分部、分项与工序实施中,通过痕迹资料的留存备案、表格化管理进行严格质量控制。

(六)质量通病治理提升耐久性

质量通病是指在现有的管理水平、施工水平及常规施工工艺情况下普遍出现的质量不达标情况,反映了工程领域内的平均水平。

质量通病的发生一般有3个关键要素:施工管理、施工工艺、施工材料。质量通病治理的主要思路就是在合格的施工材料、优良的设计条件下,积极推行标准化施工,采用有效的管理手段,通过预防为主、防治结合的方法达到理想效果。

省南粤交通公司针对质量通病问题编制了《质量通病图册》,将常见的质量通病以图册的形式进行反映,加强管理人员对质量通病的认识。各项目业主建立质量通病治理机制,治理质量通病有方案、有过程、有总结、有提高,根据各自特点,从管理手段、施工工艺改良等方面下手,有效控制质量通病的发生,提升工程品质,保障实体工程耐久性。

(七)强化工地例会

项目业主积极参与由监理单位组织的月度工地例会,业主主要管理人员每月参会,通过对比分析当月质量突出问题,布置下阶段的工程质量管理计划及控制重点,对工程质量进行系统性管理,使每月工地例会切实发挥质量监管作用。

(八)推行台账管理

省南粤交通公司质量控制推行台账管理,制订隐蔽工程、关键工序、追踪落实、汇总统计4大类台账,狠抓路基基底及涵底处理、填挖交界、"三背"回填、隧道防排水等关键工序和隐蔽工程;建立业主代表和质量、安全责任人联动工作机制,落实全员、全过程精细化管理;督促总监办按标准化要求对重点工序、隐蔽工程进行全过程旁站,施工现场记录完整,影像资料齐全,并按要求归档,质量形成过程可追溯。

(九) 班组质量管理

班组是完成运营任务的基本单位,班组管理水平高低、班组人员素质如何,直接影响着产品的质量。省南粤交通公司各项目部建立健全项目班组管理制度、奖惩制度、培训制度等,覆盖项目部对班组管理的各个环节。

通过实施班组考核和奖惩机制,推行班组首次作业合格确认制和清退制度,建立施工作业班组信用评价制度,并将考核评分作为以后项目班组选用标准,推动班组作业标准化。

优选专业施工队伍。一是通过严格执行现场各项工序验收制度,形成班组自然淘汰机制,对各项检查中存在严重质量问题的班组坚决清场,逐步建立施工班组"优胜劣汰"的忧患意识;二是项目推行"优秀班组"评比活动,定期对专业素养优良和业务技能熟练的施工班组实施奖励,激发一线参建工人的工作热情,营造技能比拼的良好氛围;三是督促各参建施工单位对施工班组做好技术交底和培训,进一步加强施工队伍管理,完善施工班组管理制度,不断提升施工班组的竞争能力,努力打造符合"南粤品质工程"创建要求的高素质工匠队伍。

第三节 激励机制

在新一轮的高速公路建设大会战中,省南粤交通公司高度重视现场施工质量管理,着力打造精品工程。为激励公司所属各项目争优创先,省南粤交通公司针对各项目质量管理持续进行了严格考核,制定了相关考评办法,推出相关考评活动。同时公司所属各项目在质量管理中根据上级主管部门的相关指示精神同步开展了一系列质量考评奖惩活动,营造浓厚的"比、学、赶、帮、超"氛围,通过精神奖励和物质激励,使各参建单位和广大建设者充分认识到工程质量管理的重要性,将施工标准化向"品质工程"稳步推进。

一、严格考评,促进质量管理稳步提升

为促进项目质量管理真抓实干,顺利实现项目质量管理目标,省南粤交通公司对各项目的质量管理成效实施严格考评,纳入项目绩效考核管理办法,每年度考评一次,涵盖管理制度的建立与完善情况、"双标管理"管理情况、关键工序管理情况、上级主管单位检查评比情况、"品质工程"开展情况等,并将考核结果同项目、项目主要领导及个人的奖惩、评

优挂钩,将质量管理责任层层压实。

二、开展"感动南粤交通集体(工匠)"评比,弘扬现代工匠精神

为大力弘扬、传承和培育精益求精的现代工匠精神,激发广大职工爱岗敬业的积极性,确保"南粤品质工程"创建活动顺利推进,省南粤交通公司面向司属广大职工和各参建单位组织开展了"感动南粤交通集体(工匠)"评比活动,通过评比对10个先进集体和10个先进个人分别授予"感动南粤交通集体"和"感动南粤交通工匠"荣誉称号,极大地激发了广大参建单位和个人的责任感、使命感。

三、多措并举,优奖劣罚调动积极性

为充分调动各参建单位在工程质量管理中的积极性、主动性,压实各参建单位的质量管理主体责任,奖优罚劣,各项目结合自身特点开展了多种形式的质量管控措施,从单位、部室、班组、个人实施全方位考评,效果显著。

(一)设定质量违约金,严格合同管理

在合同中明确参建各方的质量管理目标、质量管理职责、质量控制标准、质量违约处置措施等,细化了质量管理违规行为的处罚条款,明确了"优质优价"奖金比例和考评原则,施工过程中严格按合同加强质量管控,细化考评实施细则,严格奖罚,通过发文通报、经济处罚、约谈公司法人、严重问题纳入企业信用评价等手段,对违规现象和行为进行整治,有效提高了各参建单位的质量管理意识。

(二)质量问题"零容忍"

项目业主通过组织月度质量综合检查、各专项检查、日常巡查等方式,有效预防及控制工程质量问题。对于工程建设过程中的质量问题采取"零容忍"的态度,一律推倒重来、绝不姑息,明确向各参建单位传达了视质量为生命的坚定立场和打造"品质工程"的坚定信念。

(三)大力开展各项质量考评活动

面向各参建单位开展了多种形式的评优活动和激励措施。如开展了"优质优价""优监优酬""优秀部室""优秀班组""优秀工程师""创新工艺"等多项考评奖励机制,涵盖了土建工程、路面工程、房建工程、交安工程、机电工程等各专业板块,包含临建工程、实体工程各环节,实现了单位、部室、班组、个人的全面考评机制。同时,对在上级主管单位质量检查评比中取得优异成绩的个人或集体实施重奖,有效调动了各参建单位在质量管理

过程中的主观积极性。

（四）建立施工班组激励机制

通过举办项目知识竞赛、开展技能比武大赛、开展"优秀班组"评比等各项活动，对高素质班组和个人实施奖励，进一步提升现场施工班组人员的专业素养和业务技能，提升其工作热情，弘扬新时代工匠精神，增强班组人员对工程建设的责任感、荣誉感和归属感，形成赶优争先的工作氛围，努力推动产业工人自身发展。

第四章

工程质量提升措施

第一节　设计提升工程质量

设计是工程质量的灵魂,建成高质量的工程首先要有一个高质量的设计。

创建"品质工程"对设计提出了更高的要求,坚持问题导向、目标导向、成效导向,从全寿命周期系统考虑工程建设和运营维护,加强可施工性、可维护性、可扩展性等系统设计,实现工程建设的可持续发展。以工程质量安全耐久为核心,强化工程全寿命周期设计,明确耐久性指标控制要求;深入推广标准化设计,鼓励构件设计标准化和通用化;切实加强精细化设计,注重工程薄弱环节设计的协调统一,尽量消除或减少质量通病。

工程设计主要从耐久性设计、精细化设计和标准化设计三个方面对工程质量进行提升。

一、耐久性设计提升工程质量

省南粤交通公司在路面、桥梁、隧道等工程结构耐久性设计方面,结合广东省环境特点,从材料选择、设计方法、构造措施等方面系统地进行了分析研究,总结梳理出了一套完整的适合广东气候环境特点的耐久性保障措施,并进行了工程实践应用。

(一)采用特殊材料设计提升混凝土耐久性

预制梁在预制时需要在支座接触面位置预埋钢板,安装完成后常常通过塞楔形普通钢板的方式调整梁体高度及角度;而在桥梁使用过程中,普通钢板易发生锈蚀,锈胀的钢板往往会导致梁体高程发生变化,进而造成横向连接的破坏,影响桥梁结构的正常使用。为避免这种情况发生,省南粤交通公司各项目采用了不锈钢做垫板和预埋板,很好地保证了桥梁的耐久性。

对处于海洋环境中的项目桥梁,桥墩及承台主要通过采用海工高性能混凝土、增加钢筋混凝土保护层厚度及承台混凝土采用疏水化合孔栓物,斜拉桥主塔混凝土掺加聚丙烯腈纤维等措施提高桥梁耐久性。

(二)加强桥面防水层设计改善混凝土使用环境

桥面防水层位于桥梁水泥混凝土板与沥青混凝土铺装层之间,一方面要求它具有防水功能,另一方面要求防水层具有足够的黏结力,使桥面整体化层和沥青铺装层成为一个整体,充分发挥铺装的重要保护作用和功能层作用。省南粤交通公司各项目在沥青桥面铺装层下设置高黏改性沥青防水黏结层,并对有特殊防腐要求的桥面进行专项设计,提高桥梁结构的耐久性。

(三) 提升混凝土构件设计标准

设计充分考虑混凝土耐久性要求,桥梁上部结构尽量采用 A 类或全预应力混凝土构件,并采取智能压浆工艺来提高预应力管道浆体的饱满度;当采用普通钢筋混凝土构件时,严格控制工作裂缝宽度;下部结构桩基钻孔要求钻头直径不得小于设计桩径,保证桩基钢筋有足够的保护层;埋于土中的结构应结合地下水质情况,分类别考虑钢筋保护层厚度。

(四) 其他设计手段提升耐久性

为解决隧道渗水问题,在隧道洞内断层破碎带及渗水路段加密纵横向盲沟,增强排水能力;在隧道水泥混凝土面板与沥青面层间设置纤维黏结防水涂料,有效隔水,确保隧道优质耐久。

二、精细化设计提升工程质量

(一) 质量通病专项设计研究

以《广东省高速公路工程设计标准化指南》为基础,注重细节,针对桥梁、涵洞、隧道等构造物开展专项设计,防治质量通病。

(1) 在施工图设计阶段,考虑到互通区匝道桥偏心受力不利影响,对匝道现浇箱梁桥开展专项验算,防止出现落梁和偏心不利影响。

(2) 考虑以往预制梁双支座受力不利,预制梁采用单排支座,并对支座的形状系数进行调整,减少运营阶段支座外鼓、脱空、剪切变形等病害。

(3) 研究解决小箱梁梁端开裂技术,针对预制小箱梁张拉时底腹板端部容易出现开裂现象,对小箱梁端底板与腹板连接处、底板中部等薄弱处进行加肋设计,有效解决端部底腹板薄板部位开裂病害。

(4) 碎落台防排水优化设计,改变以往平台截水沟下挖后施工方式,将平台截水沟高程上抬,在挖方边坡平台加铺防水土工布,避免雨水下渗,影响边坡稳定。

(二) 桥头搭板设计优化

优化搭板的设计标准图纸,将斜交搭板统一改为正交搭板,取消混凝土结构的锐角设计。另外,为解决搭板端部基层难以压实的通病,取消搭板端部 1m 范围的路面基层结构,采用 C20 混凝土延长搭板垫层的长度。通过优化搭板设计,有效消除桥头搭板的质量通病。

(三)高边坡、隧道设计精细化

实现高边坡"一坡一审"设计模式。在施工图设计阶段,对高边坡逐个工点进行讨论、审查,并形成逐坡审查意见,最大限度地保障高边坡施工图设计质量;开展高边坡深层变形监测孔预设置专项设计,在高危、不稳定路堑坡顶外侧 5~8m 范围内布设地质钻孔,并埋设相应 PVC(聚氯乙烯)管,待路基高边坡开挖时留作监控量测用。

实行隧道精细化设计。在定测详勘阶段进行特长隧道隧址区水文地质专项研究工作,重点查明工作区的地下水类型、含水层分布与埋藏情况,查明地下水流向、补给、径流、排泄条件,通过现场水文地质参数试验估算涌水量,提交水文地质专项工作成果和建议。针对隧道标准图边沟深度较小,难以满足特长隧道排水需求,增大排水边沟设计深度(如图4-1);电缆沟与污水沟增设排水通道,在电缆沟内增设了泄水孔,连通电缆沟底与污水沟(如图4-2)。

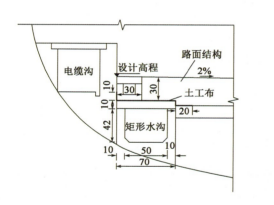
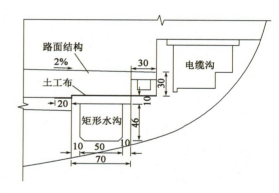

图 4-1 水沟加深及矩形盖板(尺寸单位:cm)

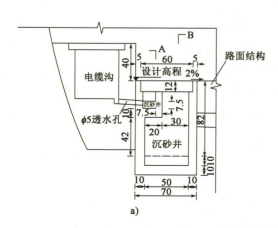
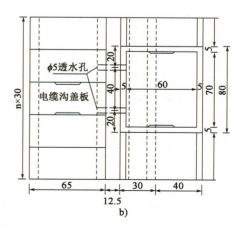

图 4-2 电缆沟增设排水通道(尺寸单位:cm)

第二节 信息化提升工程质量

省南粤交通公司各项目积极推动信息化技术在工程管理中的应用,采用多种信息化手段提高项目管理水平,通过信息化管理,适时掌握项目工程建设状态,及时把控项目建设总体质量安全,打造智慧工地,全面提升工程品质。

一、项目办公管理信息化

采用交通建设管理系统、广东省交通工程质量监督管理系统、协同办公 OA 系统、交通工程电子档案等,全面实现办公管理信息化。

二、现场监管手段信息化

大力推动技术创新,应用数据自动采集及无线传输与视频监控系统、质量控制预警系统等对工程关键部位进行质量监控,显著增强关键部位质量管控力度,针对前场和后场出现的各种指标异常情况,系统自动分权限进行报警,可通过手机 App(应用程序)动态跟进整个施工过程,实现了对施工质量全过程"掌"控。

1. 试验室数据自动采集与视频监控,确保数据真实可靠

试验室数据自动采集与视频监控,确保数据的真实可靠性。实行盲样管理,通过电子标签记录混凝土试块、钢筋原材料等样品信息,试验仪器自动识别芯片信息,自动实时采集并自动上传数据,对试验情况进行实时视频监控。

2. 拌和机安装自动采集数据、预警系统

拌和机安装自动采集数据、预警系统,自动采集拌和站生产数据和每盘混凝土配比超差,当配比误差超过设置阈值时,通过短信通知相关责任人,杜绝不合格混凝土应用于实体工程。拌和站水泥罐罐体内安装冷却水管及温度感应计,在质量管理系统模块中显示水泥罐体实时温度数据,便于水泥使用时的温度监管。

3. 利用无人机或监控加强质量管控

利用无人机航拍墩顶、支座垫石、高边坡排水系统等,对日常管理薄弱环节进行辅助质量管控。对全线重型压路机以及冲碾式压路机安装压实监控系统,加强隐蔽工程管控。对钢筋棚、搅拌站、重要桥区和跨路段落采用高清视频监控,实现全过程管控。

4. 采用"交通运输工程质量监督管理系统"线上管理

采用"交通运输工程质量监督管理系统"线上管理，自动采集，报告及时上传到系统，并录入系统管理台账，关键参数在线查询及签认，实现信息共享。建立供应商管理平台，制定入库台账、检测台账、不合格台账，保证整个程序持续有效运行。

5. 路面采用智能压实监控系统

路面采用智能压实监控系统，利用现代传感器精确定位、物联网、移动通信等技术，构建了压实作业全过程中"人、机、场景"之间的无障碍连接，实现路面压实作业工序严格把关、压实过程智能管控、压实数据信息化应用三大功能，解决沥青路面压实作业全过程、全面监控的难题，升级路面质量管控模式，提高管理效率，确保路面压实质量。

三、BIM技术的推广应用

依托BIM技术实现工程量自动统计、现场进度的三维模拟、各项资料的归档汇总等，有效把控现场施工质量、安全、进度等信息，结合传感技术，实时控制大体积混凝土施工温度，加强施工全过程监控，从整体上提升高速公路质量安全管理水平。

第三节 标准化提升工程质量

广东省在全国交通运输行业内积极推行标准化管理，颁布了《广东省高速公路建设标准化管理指南（试行）》《广东省高速公路建设标准化管理规定（试行）》等办法。省南粤交通公司作为广东省交通运输行业高速公路建设排头兵，以建设"品质工程"为宗旨，大力推广"双标"活动，在各项目中均较好推行落实相关办法。公司通过以下做法推进了标准化的实施，形成了各个工序的标准化施工以及规范的管理流程。

一、落实"首件工程制"

认真落实"首件工程制"，加强对路基工程、桥涵工程、隧道工程等各分项工程管理，对不符合"首件工程制"要求的，坚决要求重做首件，确保工程质量。对后续机电、房建、交安等附属工程，亦严格执行"首件工程制"，从源头把控质量，重点监控过程，确保"首件工程制"真正有效落实。

二、推行工艺标准化

根据现场施工进度,阶段性、针对性地对现场施工容易出现的质量通病、重点工序、关键工序下发作业指导书、标准化施工手册、标杆画册等,指导和规范现场施工(图4-3~图4-17)。

图4-3　路基施工开挖台阶

图4-4　路基划方格网填筑

图4-5　土工格栅铺设

图4-6　高速液压夯实机补强涵背、桥背

图 4-7 边坡开挖及防护

图 4-8 边坡绿化

图 4-9 环切法破桩头

图 4-10 箱梁自动喷淋养生

图 4-11 预制梁顶钢筋模架

图 4-12 预制梁腹板钢筋模架

图4-13 顶板钢筋整体吊装

图4-14 混凝土浇筑台车

a)   b)

图4-15 新型合页式钢端模及止水带安装效果

图4-16 防水板焊接

图4-17 防水板铺设

三、作业专业化、智能化、机械化

积极推行施工装备专业化、智能化以及施工作业机械化，推广滚焊机、弯曲机、自动喷淋养生系统、预应力智能张拉及压浆设备、高墩循环养生系统、桥面整体化层桁架式提浆整平机、桥面整体化层混凝土拉毛机、隧道电缆沟槽滑模台车等应用。施工装备专业化、智能化及机械化不仅极大提高施工效率，同时大幅度提高施工水平，确保施工质量稳定优质（图4-18～图4-28）。

图4-18　冲碾式压路机

图4-19　隧道湿喷机

图4-20　路面成套机械摊铺

图4-21　路肩机械培土作业

图4-22　轻便型锚杆机

图4-23　洞内雾化喷淋系统

图 4-24　隧道喷淋养生台车

图 4-25　水稳底基层立模施工

图 4-26　碎石渗沟布料器

图 4-27　隧道水泥混凝土面板滑模施工

图 4-28　沥青路面摊铺施工

第四节 技术创新提升工程质量

创新是引领发展的第一动力,省南粤交通公司通过强化科研与设计施工联动,开展集中攻关和"微创新",大力推广性能可靠、先进适用的新技术、新设备、新工艺,淘汰影响工程质量安全的落后工艺工法和设施设备,推动工程技术全面提升;发挥技术标准先导作用,坚持品质工程目标导向,鼓励参建单位开展技术创新,制定提升质量、提高效率的工艺标准,切实提升工程质量。

一、创新机具设备

移动式涵洞施工作业平台(图4-29):采用由内架、外架、外框拉杆、顶撑系统、行走系统等组成移动式涵洞墙身施工台车,涵身混凝土外观质量、施工速度、施工安全防护等均较传统施工方式有明显提高。

图4-29 移动式涵洞施工作业平台

防撞护栏施工台车(图4-30、图4-31):防撞护栏模板实行严格的准入制度,并推广使用防撞护栏施工台车,防撞护栏外观及线形控制较好。

隧道施工专用机具(图4-32~图4-36):珠海连接线项目拱北隧道顶管管节加工引进数控切割机床、卷管机及自动埋弧焊等设备,有效保障焊接质量;加林山隧道引入多臂凿岩台车、湿喷设备,大大减轻了施工作业工人的劳动强度,缩短施工工期,有效提高初支实体质量;隧道混凝土路面采用滑模摊铺全幅一次性施工,大幅提高路面平整度;隧道小导管加工采用专用小导管尖头成型机,并利用数控打孔机进行打孔,保证施工质量。

图 4-30　防撞护栏施工台车

图 4-31　防撞护栏外观线形较好

a)

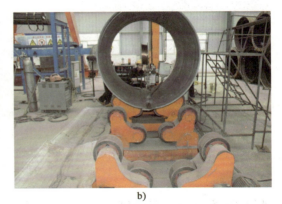

b)

图 4-32　顶管卷管机、自动埋弧焊设备

a)

b)

图 4-33　隧道多臂凿岩台车、大型湿喷设备

图 4-34　隧道混凝土路面滑模摊铺设备

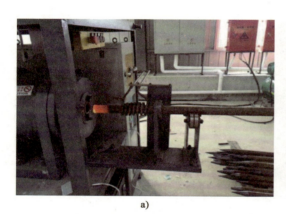
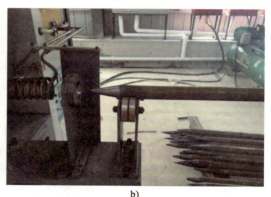

图 4-35　小导管尖头成型机

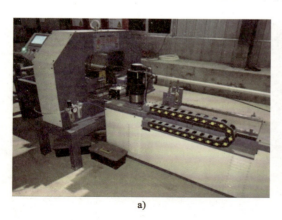

图 4-36　小导管数控打孔机

定制锚杯、智能张拉压浆设备（图 4-37、图 4-38）：采用定制锚杯，有效提高了施工效率，保证压浆质量。

图 4-37 采用从欧维姆厂家定制锚杯

图 4-38 智能张拉压浆设备

轻质振动梁摊铺机和自动拉毛机(图 4-39):轻质振动梁摊铺机采用桁架式结构,选用优质方管焊制,设备整体坚固不变形,整体摊铺效果较好;整机全自动化性能更高,一个人就能操作摊铺和拉毛,大大地节省了人工,降低了施工成本,提高了工作效率,拉毛纹理深度清晰、整齐。

图 4-39 轻质振动梁摊铺机和自动拉毛机

路基连续压实设备(图4-40):由计算机系统对路面碾压数据进行分析,通过对数据处理掌控压实信息,达到连续压实的效果,保证路基压实的质量。

图4-40 路基连续压实设备

篷布自动覆盖系统(图4-41):运输车顶加设篷布自动覆盖系统,通过驾驶室内的一个按键就可严密覆盖车厢,避免水稳、沥青混合料遭雨淋和遗撒,从源头确保工程质量。

中分带填土设备(图4-42):中分带填土施工采用改造后拉土车,配合挖掘机直接将土卸至中分带护栏内,提高填土施工效率。

图4-41 篷布自动覆盖系统

图4-42 中分带填土设备

二、创新施工工艺

省南粤交通公司各项目注重创新工艺工法,推广省内外成熟工艺工法,如高填路基冲击式碾压、环切法破桩头、网片焊接机、箱梁内外侧同步养生、桥梁防撞护栏模板台车、隧道全自动液压式沟槽台车、湿喷机械手等。

钢筋加工胎架法(图4-43~图4-48):钢筋间距是工程实体质量控制的关键一环,对钢筋笼箍筋间距、预留预埋钢筋间距、预制梁钢筋间距等的尺寸,通过模架控制,有效提高了钢筋合格率。

图 4-43 采用模架加工防撞护栏预埋钢筋

图 4-44 间距尺寸控制较好

图 4-45 底腹板钢筋整体吊装

图 4-46 检测卡尺控制钢筋间距

图 4-47 钢筋笼长线胎架制作

图 4-48 塔柱钢筋整体吊装

模板布施工工艺(图 4-49):拱北湾大桥墩柱、盖梁、预制梁采用模板布施工工艺,提高了混凝土表面密实度,提高了结构耐久性。

自动喷淋养生系统(图 4-50、图 4-51):采用智能时控喷淋系统,实现墩柱养护的自动化,解决高墩混凝土养生难题,有效保证实体工程质量;预制梁养护采用自动喷淋养生系统,喷出的水雾均匀、效果较佳,达到全天候、全方位、全湿润的养护标准。

a)

b)

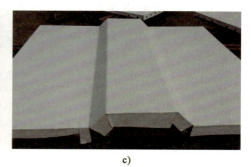
c)

图 4-49　桥梁模板布施工工艺

a)

b)

图 4-50　高墩自动喷淋养生系统

a)

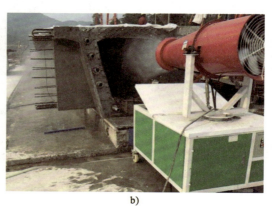
b)

图 4-51　预制梁内、外自动喷淋养生系统

钢箱梁 U 肋双面焊接技术(图 4-52):采用内焊机器人进行 U 肋内焊,将单面焊接改为双面焊接,全面提升 U 肋质量。

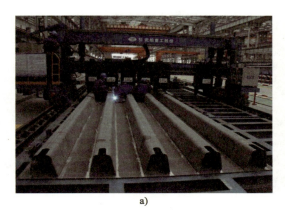

a)　　　　　　　　　　　　　　　b)

图 4-52　钢箱梁 U 肋双面焊接技术

小型预制构件生产自动化(图 4-53):小型构件预制采用机械化代替人工,从配料到浇筑、振捣、养护,全程自动化,提高构件预制效率,确保整体质量稳定。

a)　　　　　　　　　　　　　　　b)

图 4-53　小型预制构件生产自动化

支座垫石土工布 + 海绵 + 塑料薄膜养护:支座垫石混凝土浇筑完成拆模后,将海绵置于顶面并注入充足水量,用塑料薄膜包裹垫石进行养生,保湿养护整体效果较好。

第五章

"品质工程"质量典型做法

第一节 路基工程

一、高填高陡路基填筑

从以往山区高速公路的建设经验来看,路基质量问题极易导致路面开裂、边坡坍塌等,甚至会导致项目营运期间沉陷跳车、路面和边坡病害的继续发展。省南粤交通公司所属项目大部分为山区高速公路,高填高陡路基占比高、规模大,且存在大量陡坡填方、半填半挖、高填深挖等路段,将此类路基列入关键控制工程,强化方案的支撑作用,按照"早填筑成型、争取尽可能长时间的自然沉降和预压"的总体思路来部署施工组织,在遵循常规工法的基础上,实行设备准入、压实度和层厚双控,重点加强填挖交界处理、施工断点填筑等薄弱环节的施工质量管控,通过补强夯实进一步提高压实度和减少工后沉降。

(一)技术支撑

深化排查和验算。在设计阶段加强高填路基整体稳定性和沉降验算分析,核查软基地段高填路基基底承载力,着力避免高填路基沿斜陡坡覆盖层、岩土交界面或基底软弱层滑移;对于高陡斜坡,通过在坡脚增设大型挡土墙,从结构上采取主动措施减少高斜陡坡路堤侧向位移;为避免设计软基处理与实际偏差较大的情况,在施工图阶段对软基进行排查和现场勘探,建立软基处理信息台账。

重视排水设计,结合路段地下水、自然沟渠分布等情况,以整体思路设计路段排水系统,注重路基基底排水、路基外截排水、路段排水系统联通性设计;施工前对高填路段进行逐点补勘,全面核对基础地质情况,对各工点实行单独的处理方案;重视填料选择,在有条件路段,路基基底优先采用强风化土石料或石料进行填筑。

(二)施工组织

路基尽快填筑到高程,争取尽可能长时间的自然沉降和预压是保证路基稳定的重要前提,是项目路基填筑施工的"大质量"。省南粤交通公司将高填路段作为路基工程控制性工点,坚持"合理安排工序,尽早填筑以延长其自身沉降期,争取沉降在施工期基本完成以减少工后沉降"的总体思路进行统筹。

坚持软基、涵洞先行,先行施工制约高斜陡坡路基填筑的涵洞、软基处理工程,具备条件的涵洞应尽量调整至挖方位置。坚持"以投入促进度,以管理保质量"的理念,通过抓土源落实、机械设备投入、工点平行作业来全面加快施工进度;坚持旱季填筑,高填路基主要安排在旱季施工,才能有效保证填筑质量;坚持合理土石方调配,优先保证高斜坡路堤填筑。

(三)填挖交界处理

"鸡爪地"、斜陡坡、半填半挖路基存在差异沉降现象,且短期内较难稳定,因而高填路基稳定风险较高。清表到位、陡坡基底、填挖交界处台阶开挖施工是确保交界面搭接稳固牢靠的基本前提,省南粤交通公司对此进行重点控制,以首件定标准、明要求,通过以项目为单位组织施工人员现场观摩会强化交底,实行业主参与台阶开挖交界面处理工序验收制度。

(四)填筑层厚控制

以工艺保质量,以规范化施工和层厚控制保证路基压实质量(图5-1、图5-2)。严格落实划方格布料、分层碾压等"双标管理"的基本要求,严控松铺厚度和压实层厚,工后检验实行压实度和层厚"双控"检测,层厚超过试验段厚度3cm以上的返工处理。

图5-1 台阶开挖

图5-2 划方格填筑

(五)设备准入

以设备准入保质量,大功率压实设备是高填路基压实质量的基础保障,部分项目在合同中对高填路堤压实设备做了特殊要求,对压实设备实施准入制度;填土高度在20~30m范围内的路段,要求采用≥26t的振动压路机压实(图5-3);填土高度大于30m的路段,要求采用≥32t的振动压路机压实;对于长度大于100m或面积大于1000m² 路段,在具备场地条件的情况下,采用冲击式压路机进行补强(图5-4)。

(六)补强压实

对高填方路基采用重型强夯或高速液压强夯等设备进行补充压实(图5-5、图5-6),每填筑 2~3m 高度进行一次补强压实,保证路基填土压实质量,减少高填路基工后沉降。

图 5-3　26t 压路机

图 5-4　冲击式压路机

图 5-5　重型强夯补强

图 5-6　高速液压强夯补强

（七）断点处理

部分填方路基、桥台锥坡、涵洞八字墙等位置,由于受红线内施工便道等影响,无法一次填筑成型,往往成为路基施工最后拉通的"断点",亦是路基填筑容易忽视的环节,在后期帮宽或填补可能引发不均匀沉降。对此,实行"一处一方案"的原则进行处理,以台账化管理确保监管全覆盖,工艺上要求挖除虚土、形成台阶、超宽填补,在填补搭接部位最后一层土前铺设土工格栅,确保填补搭接部位碾压到位,超宽填补完成后,采用高速液压夯实机进行补强。

（八）路基监测

对于高填路堤全面实施路基监测,除施工单位按施工图布点实施监测外,各项目业主委托第三方开展路基施工监测工作,对每一处工点制定有针对性的监测方案,并经专家评审后方可实施。在监管过程中,将监测点的规范布设、测点保护、监测数据的及时性和准确性作为管理重点,实行监测月报或周报制度,暴雨、台风等极端天气加大监测频率,及时掌握高填路堤稳定情况并及时预警。

二、边坡防护及排水

在广东地区,路基排水的重要性不言而喻,在路基填筑的过程中,需保持路基断面和区域内排水系统顺畅及连通,最大程度减小路基水损和水毁病害。省南粤交通公司各项目以此作为路基填筑过程防排水总体思路,推行排水先行、开挖防护和绿化同步、及时完善临时排水措施、对平台排水沟进行优化等做法,将系统而完善的排水系统与边坡防护稳定有机结合起来。

(一) 排水先行理念

水损和水毁是高速公路路基施工过程中常见的病害,截、引、排是解决施工中水患的主要措施,排水先行贯穿于路基施工全过程。

路堑排水。路堑边坡坡顶截水沟施工作业先于边坡开挖,先截水后开挖。边坡开挖过程,坡顶截水沟、坡面急流槽、平台水沟同步施工作业,减少水土流失,有效防止雨水冲刷影响边坡稳定。

路堤排水。路堤填筑前做好路基基底排水、路基外截排水,尤其是高陡坡、半填半挖段,要先行施工路堤段水沟,处理好排水问题后再进行路基填筑,避免路基基底泡水、交界台阶渗水。路堤填筑过程中,临时拦水埂、急流槽应与路基填筑同步实施,确保填筑面不积水、不泡水。

系统排水。注重排水整体性、系统性,各施工阶段均需确保截水沟、急流槽、平台水沟、边沟等全面连通、顺畅,并与地方水系进行有效顺接。

(二) 开挖、防护、绿化同步理念

省南粤交通公司所属各项目地质地形情况复杂,点多面广且安全风险高,防护、绿化紧跟开挖是边坡稳定的重要前提,边坡施工落实开挖一级、防护一级、绿化一级,可有效减少水土冲刷流失,确保边坡整体稳定性,全面提高路域景观效果。如图5-7、图5-8所示。

(三) 优化平台截水沟

常规平台截水沟下挖后施工,处理不当雨水下渗易造成平台开裂、滑塌。仁博项目新博段将平台截水沟高程上抬,在挖方边坡平台加铺防水土工布,施工便捷,可避免雨水下渗,如图5-9所示。

图 5-7　开挖一级、防护一级、绿化一级

图 5-8　填筑一级、防护一级、绿化一级

图 5-9　碎落台防排水优化及设置台后的截水沟,减少雨水下渗

（四）及时施工临时排水

路基填筑宽度加宽按不低于 50cm 进行控制,尽早形成路拱、横向排水坡度,在路拱低侧和超高内侧设置纵向拦水埂,表面用水泥砂浆进行硬化处理,视纵坡情况按每隔 20～50m 设置一道横向拦水埂,在边坡开挖临时急流槽将雨水引排至路基坡脚排水沟。如图 5-10、图 5-11 所示。

图 5-10　路基临时拦水埂

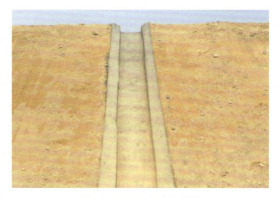
图 5-11　路基临时急流槽

三、"三背"处理

"三背"是指桥台台背、涵台涵背和挡墙墙背,"三背"回填压实问题是高速公路建设质量通病,处理不当容易引发桥头跳车、挡墙背后沉降、涵洞八字墙推移等质量通病。省南粤交通公司将"三背"回填作为隐蔽工程控制重点,通过高速液压补强夯实提高压实度,在桥台回填严格层厚并预留后期沉降注浆孔。

(一)管理措施

将"三背"回填作为隐蔽工程控制重点,全面实施台账管理、隐蔽工程过程签认、工序验收、影像存留等制度。

(二)反开挖施工

对于软基路段的桥台、涵洞、通道,采用反开挖法施工,先进行软基处理,软基处理沉降稳定到位之后再进行反开挖施工桥台和涵洞,以减小施工后沉降。图5-12为涵洞反开挖施工。

图 5-12 涵洞反开挖施工

(三)与路基同步填筑

台背回填与路基填筑同时进行。每层松铺厚度控制在15cm以内,为了便于施工时控制填筑层厚,在墙身背面从基础底面按照15cm高度往上逐条画线并编号(图5-13),当填筑高度超过8m的桥梁台背进行回填时,在施工过程中安装沉降观测板;填挖交界路基挖台阶,采用小型夯实机分层填筑,减少工后沉降,消除涵台背跳车;在施工八字墙前,采用侧面堆码沙袋防止石屑冲刷流失(图5-14)。

(四)高速液压夯实补强

采用高速液压夯实机对桥台台背、涵背、挡墙背等狭小作业面进行补强施工,采用经工艺试验确定的参数进行补强施工,以最佳施工组织方法、压实厚度、压实遍数等进行补强压实,确保达到台背回填压实度要求。图5-15为高速液压夯实机进行涵背补强压实。

图5-13　涵背回填墙身画刻度

图5-14　侧面采用堆码沙袋防止石屑冲刷

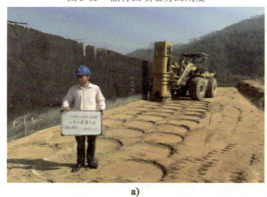
a)　　　　　　　　　　　　　　b)

图5-15　高速液压夯实机进行涵背补强压实

（五）台后搭板注浆

在桥台搭板施工阶段,对填方段位置桥头搭板进行注浆处理(图5-16),进一步提高台背密实度,在施工期将问题和隐患彻底解决,不留质量隐患。

图5-16　桥台搭板预留注浆孔

第二节 桥梁工程

一、预应力施工质量控制

预应力是桥梁结构的生命线,预应力施工质量影响桥梁的安全性和耐久性。从以往桥梁预应力结构施工经验来看,存在张拉过程中断丝、滑丝和压浆不饱满等质量通病,省南粤交通公司根据当前桥梁预应力施工过程管控中及工后评价环节存在的漏洞和薄弱环节,全面实施张拉压浆设备准入,强化过程管控,大力提倡和推广应用新工艺工法,充分利用现代检测手段强化过程和工后检测。

(一)设计要点

根据广东省交通运输厅相关指导意见,省南粤交通公司以解决施工中存在问题和方便施工为目的,统一桥梁结构预应力设计标准及细节。

预应力管道设计。预应力管道内横截面积应不小于预应力筋净截面积的2倍。对于先简支后连续结构的桥梁负弯矩预应力管道,在确保管壁周边混凝土厚度不小于5cm的前提下,应尽可能采用圆形管道。

预应力定位筋。明确预应力管道定位筋和防混凝土崩裂钢筋形状、规格、间距,压浆排气、排水孔位置等相关要素,直线段不大于80cm,曲线段不大于50cm。

预应力锚固。现浇梁竖向预应力尽量采用二次张拉设计,减少短索张拉回缩影响。预应力盖梁宜按两端张拉设计,以满足预应力筋分批穿束、防锈蚀等要求。先简支后连续装配式预应力混凝土桥梁,尽量避免将预应力锚固端布置在梁顶面。

(二)工艺试验

为提高预应力结构耐久性,依托仁博项目新博段组织开展了桥梁预应力智能张拉、压浆工艺试验,选取效果好、性能可靠的张拉压浆设备,检验现有预应力张拉、压浆施工技术,分析施工过程中存在的问题,优化张拉压浆施工工艺参数,规范预应力张拉、压浆施工工艺,编写施工管理指南。

(三)设备准入

全面采用智能张拉压浆技术,提高张拉应力准确性及管道压浆的密实性,降低人为操作的变异性。当前智能张拉、压浆设备品牌众多,产品质量良莠不齐,为防止系统性风险,智能张拉、压浆设备正式投入使用前,需通过计量部门标定,并报建设单位组织监理单位进行现场实操核验,符合要求后方可批复使用。

(四)工艺细节管控

1. 预应力波纹管定位

施工过程中严格按照设计及规范要求放置波纹管,应采用定位胎架进行波纹管定位,所有管道的位置应按设计图定位准确、牢固、平顺,确保浇筑混凝土及振捣时不产生位移和变形。所有预应力管道应在设置塑料内衬管后,方可允许浇筑混凝土,内衬管的外径可比波纹管小 3~4mm。

2. 预应力穿束平台

传统钢绞线编束方法易引起同束、同断面预应力不均等问题,通过采用钢绞线编束作业平台进行预应力钢绞线穿束后,有效降低劳动强度,缩短梳编束的时间,钢绞线预应力不均等问题也得到有效控制。

该作业平台由夹紧固定台、编束平台、梳编器及牵引机 4 部分组成,钢绞线下料后穿过梳编器和夹紧器,由牵引卷扬机带动梳编器进行梳编,采用铁丝间隔 0.5m 绑扎,防止钢绞线出现松散、缠绕。如图 5-17~图 5-19 所示。

a)

b)

图 5-17 钢绞线夹紧固定平台

图 5-18 钢绞线梳编器

图 5-19 钢绞线牵引机

3. 精细化张拉回缩测量

通过规范全套测量操作流程，明确力筋伸长量、回缩量测量方法；狠抓伸长量、回缩量计算和测量，通过专项检查整治数据造假现象；加强智能张拉设备及测量专题培训，及时准确填写预应力张拉记录表；当回缩量超限或伸长值变异较大时，立即暂停施工排查分析原因，通过采取定期检验、更换传感器、规范测量等整改措施，确保预应力张拉"双控"准确性。

4. 压浆锚杯质量控制

为确保预应力结构耐久性，控制好压浆锚杯是关键。一是通过梁端模板连接螺栓，准确、牢固定位压浆锚杯位置；二是做好连接套管密封性，确保压浆锚杯不漏浆；三是准确安装钢筋和预应力筋，避免受力不均导致锚杯开裂；四是控制好梁端混凝土振捣，避免直接触碰压浆锚杯。

（五）工后检测

结合广东省主管部门要求，对预应力结构实施工后检测，主要检测项目为锚下预应力、压浆饱满度以及预制梁荷载试验，均由项目业主委托独立第三方单位，组织开展抽检工作，对预应力结构施工质量进行管控。

二、混凝土品质控制

（一）混凝土拌和控制

1. 严控拌和偏差，推广混凝土拌和监控预警系统

拌和站全部配备数据自动采集和预警系统，系统实时自动采集混凝土生产数据及每盘混凝土配比超差数据，超规范时通过短信通知责任人，实现混凝土拌和质量实时信息化管控，如图 5-20 所示。

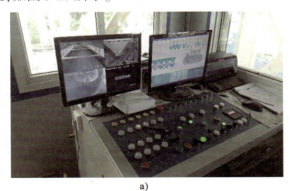
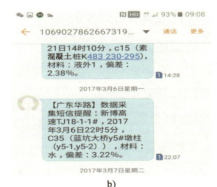

a)   b)

图 5-20 拌和站数据自动采集监控系统

2. 实行三配比(批复配比、施工下料配比、实际拌和配比)校对制度

(1)施工单位将配合比设计上报试验检测中心,试验检测中心进行平行验证试验。对于重要构件混凝土配合比设计,承包人应邀请专家进行评审,评审验收合格后,方可进行生产施工。

(2)混凝土的拌制。严格按监理工程师批复的配合比进行混凝土拌制,控制砂、石用量和水灰比,混凝土拌制过程中根据砂石集料含水率的变化及时调整施工配合比,并按规范要求进行混凝土现场取样检验,确保混凝土拌和质量。

(3)混凝土的振捣、养护。混凝土浇筑时用机械进行振捣,使之形成密实的均匀体,振捣时避免碰撞模板、钢筋及预埋件等;混凝土浇筑完成后,及时进行养护,保证混凝土强度达到设计强度。

(4)施工记录。混凝土施工过程,均应做好完整的施工记录,以便检查;按要求取样作为试件,进行规定的试验、检测。

(二)钢筋保护层控制

桥梁钢筋保护层是结构耐久的重要保证,保护层厚度不足易造成结构露筋、钢筋锈蚀、混凝土剥落等质量通病,甚至导致钢筋混凝土结构失效,在当前桥梁结构施工管理中,公司越来越重视保护层厚度控制。

在桥梁钢筋混凝土结构保护层控制方面,省南粤交通公司重点从钢筋加工安装精度入手,借助自动化设备保证钢筋加工精度,以定型胎架保证钢筋安装、定位准确,以保护层垫块作为重要控制手段;采用全覆盖工后检测对钢筋保护层厚度进行评判,设定"目标合格率"和"红线合格率",低于"红线合格率"的坚决返工处理。通过多措并举,省南粤交通公司所属项目桥梁结构钢筋保护层厚度合格率逐年稳步提升,平均合格率达90%以上。

1. 高精度钢筋制作安装

高精度钢筋加工和准确定位是控制保护层厚度的基本前提,对钢筋下料、加工、绑扎、焊接各个环节实施管控,全面落实钢筋集中加工,钢筋下料和弯曲成型环节全面采用机械化,针对不同部位和不同类型钢筋制作定型胎架,尽量实现工厂绑扎成型,钢筋骨架准确定位,提高钢筋制作安装的精度。如图 5-21~图 5-26 所示。

2. 保护层定位控制

混凝土保护层厚度必须满足设计图纸和规范的要求,在施工中一般采取定型保护层垫块、简易定位钢筋进行准确控制。如图 5-27、图 5-28 所示。

图 5-21　钢筋笼滚焊机

图 5-22　钢筋笼安装胎架

图 5-23　箱梁钢筋定位胎架

图 5-24　箱梁钢筋整体吊装

图 5-25　T梁钢筋安装胎架

图 5-26　防撞护栏预埋钢筋定位胎架

图 5-27　防撞栏保护层混凝土垫块

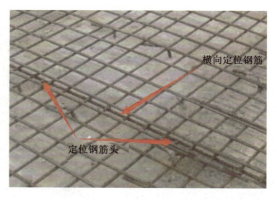
图 5-28　桥面整体化层支垫钢筋

（1）保护层垫块。保护层垫块通常采用不易碎的高强度砂浆或混凝土垫块，规范布设间距，设置足够数量，确保垫块强度和数量满足承载力要求，同时绑扎牢固可靠，模板合模、混凝土浇筑时应保证垫块基本不发生破损、偏位。

（2）支垫钢筋。在梁板上浇筑桥面整体化层混凝土时，整体化层钢筋网片的下部钢筋通过制作的简易钢筋头进行定位，底部保护层厚度控制效果良好。

3. 严格检验标准

制定严格的桥梁结构半成品和成品检查验收标准，设定明确的"红线合格率"指标（不得低于70%），强化过程检查和成品验收，对不合格品实行"零容忍"制度，采取返工等手段实施严控。

（三）混凝土养生

1. 大体积混凝土温控

桥梁混凝土结构一般为大体积混凝土。大体积混凝土断面大、水泥用量多，水泥水化后释放的水化热会使混凝土产生较大的温度应力，导致混凝土出现表面裂缝和贯穿裂缝，影响结构的整体性、耐久性和抗渗性。混凝土养护是大体积混凝土施工中的关键环节，一般要洒水保湿覆盖养生至规定龄期，将混凝土的内外温差控制在允许范围内，必要时采用循环冷却水进行混凝土内部降温，并做好温度和湿度监测工作，保持混凝土结构适宜的温度和湿度，促进混凝土强度的正常增长，避免结构物裂缝的产生和发展。

2. 多种手段养生技术

针对传统混凝土结构存在养生不到位问题，如高墩养生、支座垫石养生、护栏养生等，公司通过改进措施加以解决。

（1）高墩喷淋养生。高墩施工中混凝土养护一直是施工中的一个难题，随着墩身高度不断增高,混凝土养护难度也不断增大。通过在高墩底部四周设置简易养护循环水池,经抽水泵抽水至墩顶进行喷淋自动养生(图5-29、图5-30),如仁博项目仁新段就采取这一措施进行高墩混凝土养护。

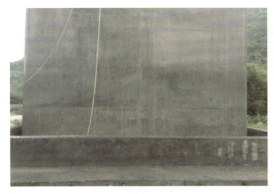

图5-29　养生循环水池图

图5-30　高墩喷淋养生系统

(2)支座垫石养生。支座垫石混凝土浇筑完成拆模后,用土工布包裹垫石,将5cm厚的海绵置于垫石顶面,向海绵注入充足水量,用塑料薄膜包裹垫石四周,胶带捆绑固定养生(图5-31、图5-32)。采用该支座垫石养护7天保水率达20%左右,有效提高支座垫石养护效果及混凝土耐久性,如仁博项目新博段。

图5-31　向海绵注入充足水量

图5-32　塑料薄膜包裹

(3)防撞护栏养生。推广应用防撞护栏全自动喷淋养护(图5-33),养护效果好、功效高,节省养护成本,如广中江项目。

(四)细节管控

细节管控主要指对细节的控制,如预制梁全面采用不锈钢模板,环切法解决桩和承台脱空问题,预制梁端可滑动台座解决张拉开裂问题等。

1. 预制梁采用不锈钢模板

预制梁全部采用不锈钢模板,保证梁板表面平整度、光洁度,大大提高了预制梁混凝土外观质量。

2. 环切法破桩头

采用环切法破除桩头(图5-34),可以有效保证桩基完整性,保护桩基外露钢筋不被破坏,保障桩基与立柱连接质量。

图5-33 防撞护栏养护

图5-34 环切法破桩头

3. 预制梁端可滑动台座

传统固定台座解决了支座垫石调坡问题,但其最大缺点在于梁体浇筑成型后,楔形块与预制台座底模密贴、固定,在预制梁预应力张拉起拱过程中,梁端头下压引起梁端底、腹板开裂现象严重,多次张拉施工会损坏预制台座端部,需经常进行修补。在台座端头设置滑动底模或垫橡胶垫,有效解决预制梁张拉后梁端开裂问题,该创新做法在仁博项目仁新段全面推广应用。如图5-35所示。

a)

b)

图5-35 梁端可滑动台座

三、桥梁伸缩缝控制

桥梁伸缩缝关系着高速公路行车的平顺性和安全性,其施工质量直接影响驾乘人员的行车体验和运营管理,是打造"南粤品质工程"的重要一环。省南粤交通公司印发了《桥梁伸缩缝质量管理要点》,明确了业主统筹、施工控制要点、关键工序验收及管理等方面内容,在严格落实首件制的基础上,创新提出"两阶段首件制",确保施工工艺标准稳定性;明确伸缩缝综合质量验收标准,以量化指标进行过程和成品质量验收,加大对不合格品的返工力度,切实打造伸缩缝"平顺工程"。

(一)实施"两阶段首件制",确保施工工艺标准稳定性

"两阶段首件制"具体要求为,第一阶段按常规土建分项"首件工程制"进行,确定施工工艺、工法,首件验收完成后编制形成施工作业指导书,并向各施工班组进行宣贯和交底;第二阶段为施工工艺标准稳定性评价,在项目全线形成规范化施工习惯和高质量的控制标准。在首件工程完成并逐步开始大面积施工后,以完成总工程量的20%为节点,汇总相关过程检测数据和问题,召开专题会进行工艺稳定性分析,及时提出改进意见并整改落实。在推进"两阶段首件制"过程中,业主、监理、检测及施工单位指定专人负责跟进,以解决质量问题为导向,统一质量控制标准,确保伸缩缝施工工艺标准的稳定性。

(二)细化平顺度检测方法及频率,建立伸缩缝综合质量验收标准

对伸缩缝出现阻塞、渗漏、积水、变形、开裂现象必须进行整改或返工;对于混凝土强度不合格、混凝土严重开裂、伸缩缝变形、伸缩缝功能失效等问题必须进行返工处理。在现行规范的基础上,省南粤交通公司对省内以往通车项目伸缩缝平顺度进行了调研,结合调研数据、行车感受,创新性提出"纵桥向平整度"与"桥面高差"两项关键指标的检测方法、频率及返工标准,为司属项目以量化指标对工程质量进行过程和成品验收提供了切实依据,保障了伸缩缝"平顺工程"实现。如图5-36~图5-39所示。

图5-36 纵桥向平整度检测

图5-37 横桥向平整度检测

图 5-38　高差检测　　　　　　　图 5-39　缝宽检测

（三）强化过程管控，做到"内实外美"

省南粤交通公司印发了《桥梁伸缩缝质量管理要点》，对开槽后（伸缩缝安装前）、伸缩缝安装后（混凝土浇筑前）、混凝土浇筑时（混凝土初凝前）等伸缩缝施工关键工序验收指标提出了明确要求。各项目细化制定了《开槽后（伸缩缝安装前）工序验收表》《伸缩缝安装后（混凝土浇筑前）工序验收表》《混凝土浇筑前工作界面验收表》等。由总监办组织关键工序验收，形成验收意见，拍照留存并及时反馈，业主全程参与监控，规范了质量验收流程。如图 5-40 ~ 图 5-42 所示。

图 5-40　开槽深度测量　　　　　　图 5-41　焊接长度测量

a)　　　　　　　　　　　　　　　b)

图 5-42　混凝土浇筑前验收

第三节 隧道工程

一、机械化施工

传统的隧道施工工艺已不能满足国家对环保、低耗能、经济性和高安全质量的要求，而以混凝土喷射机械手、凿岩台车、移动栈桥等在内的机械化配套施工工艺，顺应隧道机械化施工的大趋势，契合以设备保工艺、保安全和以工艺保质量的总体目标。

（一）喷射混凝土湿喷机

应用隧道混凝土湿喷机进行隧道初期支护作业，提高了初期支护喷射混凝土施工安全、质量和效率。通过该混凝土喷射遥控机械手实现对混凝土喷射的遥控控制，使机械手伸缩到掌子面进行施工，而施工人员可在已完成初期支护的位置进行作业，避免了传统施工工艺中施工人员暴露在尚未进行支护围岩下的安全风险，降低了劳动强度。在混凝土喷射回弹控制、施工成本和安全环保方面，喷射混凝土湿喷机械施工工艺具有传统工艺不可比拟的优越性。如图5-43、图5-44所示。

图5-43 隧道湿喷机械手喷射作业

图5-44 隧道初期支护效果

（二）自行式移动仰拱栈桥

采用自行式移动仰拱栈桥（图5-45），保证各种车辆设备正常通行，不影响隧道掌子面施工，栈桥下可进行隧道的仰拱开挖、钢筋绑扎、仰拱浇筑等作业，实现了掌子面开挖与仰拱施工平行作业，仰拱作业不占用循环时间，大大节约了施工时间，提高隧道施工整体效率。

图 5-45 自行式移动仰拱栈桥

（三）隧道水沟、电缆槽全自动液压台车

隧道采用液压台车施工隧道水沟及电缆槽（图 5-46），解决了以往采用小型组合钢模施工存在的接缝多、线形欠顺直、节段间错台、顶面不平整等通病。

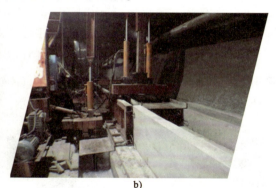

图 5-46 隧道水沟、电缆槽全自动液压台车施工

（四）自动焊网机

采用钢筋自动焊网机进行初期支护钢筋网片绑扎、焊接，自动完成钢筋给料、定位、焊接、网格步进等动作，具有生产速度快、网格尺寸准确、加工网片牢固等优势。图 5-47 为自动焊网机及初期支护网片半成品。

（五）隧道超前小导管与锁脚锚管缩尖机

采用隧道超前小导管与锁脚锚管缩尖机，加工精度高、缩尖效果较好，具有操作安全、缩尖不会产生铁屑的优点，消除铁屑飞溅伤人的安全隐患，有效确保施工作业人员安全。图 5-48 为锁脚锚管缩尖机加工及半成品。

 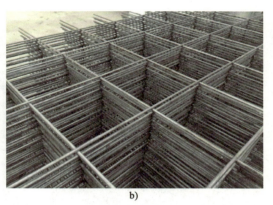

图 5-47　自动焊网机及初期支护网片半成品

 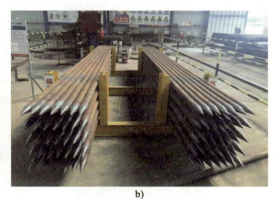

图 5-48　锁脚锚管缩尖机加工及半成品

（六）多功能冲剪机

使用多功能冲剪机,冲孔和剪切两个工作可同时进行,孔位一次成型,开孔位置准确,减少人力投入,成品效果优良(图 5-49)。

 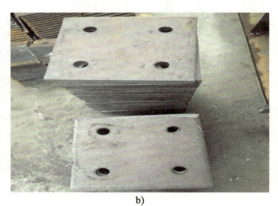

图 5-49　多功能冲剪机及成品

（七）液压闸式剪板机

采用液压闸式剪板机，不存在工件热变形问题，保证了工件质量（图5-50）。

a)

b)

图5-50　液压闸式剪板机及成品

（八）格栅拱架液压压花机

采用隧道格栅拱架液压压花机，加工的半成品钢筋形状、尺寸标准，格栅拱架钢筋的加工质量显著提高。图5-51为格栅拱架压花机及钢筋半成品。

a)

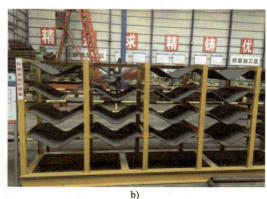

b)

图5-51　格栅拱架压花机及钢筋半成品

二、工序管理

（一）开挖工法、安全步距、重点工序控制

隧道施工前必须制定专项施工方案，并严格按照方案组织施工。对于隧道开挖施工工法、隧道进出洞、隧道贯通、隧道穿越不良地质段、斜井转正洞等重难点，组织召开专家

评审会对专项方案进行评审,并严格按照批复方案实施。

(二)实行工序清单管控制度

严格按照"隧道施工安全九项规定"和项目关键质量管控指标要求,结合隧道施工有关质量安全规范、标准要求,在现场管理、设备保障、技术保障、施工控制、质量监管、实体指标要求等环节制定隧道质量管控清单,严格按照项目清单、检查标准、频率进行检查,对于排查发现的问题,明确整改程序、范围、验收、复查要求,并举一反三,通过专项治理工作来推进整改工作规范化,形成长效机制。

(三)丰富隧道隐蔽工程检查手段

(1)对隧道初期支护和二次衬砌内部等隐蔽工程,分段采用地质雷达进行全覆盖雷达扫描检测。

(2)要求各施工单位建立隐蔽工程影像管理。在施工隐蔽工程时,报现场监理进行验收,验收合格后才允许进入下道工序,同时做好现场影像资料拍摄保存。

(3)日常检查中,采用初期支护取芯、管道内窥镜对隧道初期支护混凝土的密实性、初期支护背后空洞等问题进行直观判定,丰富质量检测手段,有效覆盖质量监管死角。图 5-52 为管道内窥镜检测隧道支护结构。

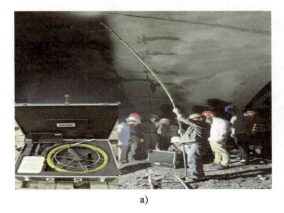
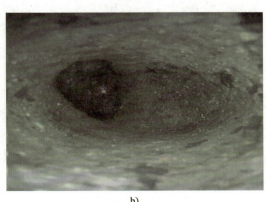

a)　　　　　　　　　　　　b)

图 5-52　管道内窥镜检测隧道支护结构

三、设计优化

(一)细化围岩等级,优化支护参数、结构形式

在原设计隧道同一级别围岩下,根据围岩自稳能力不同、岩质软硬不同、基底是否需设仰拱等情况,增加隧道围岩亚级划分,进一步优化支护参数。

（二）实行隧道动态优化设计

隧道施工过程中，根据超前地质预报和监控量测的围岩变形数据，对开挖方法、初期支护和二次衬砌的形式及其支护参数，进行相应的优化与调整，以指导隧道施工作业。在保证隧道结构及营运安全的前提下，做到支护合理、结构安全、质量优良。

四、防排水控制

隧道防排水问题关乎隧道工程施工及运营期间的安全性，施工期坚持以防为主、堵排结合的防排水理念。对于高压富水段，可通过围岩裂隙注浆降低衬砌背后水压力、合理设计衬砌背后排水系统等主动防水措施，防止排水渠道不畅导致水压增高，进而影响衬砌结构安全。

（一）高压富水段落超前钻孔排水泄压

施工期对围岩高压富水段落，外部环境允许时可利用潜孔钻进行超前钻孔排水减压（图 5-53），降低围岩内地下水压力。

a)　　　　　　　　　　　b)

图 5-53　潜孔钻钻孔泄水压

（二）注浆加固、封闭裂隙堵水

对于围岩裂隙水丰富的段落，可通过设置径向小导管注浆等措施，有效封闭裂隙水。

（三）隧底注浆堵水

针对隧底高压富水段落，可采用隧底小导管注浆堵水方案，有效封堵隧底富水。如图 5-54、图 5-55 所示。

图 5-54　现场小导管注浆加固

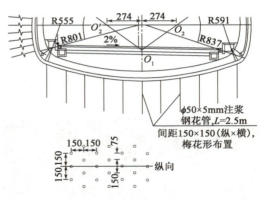

图 5-55　隧底钢花管注浆(尺寸单位:cm)

(四)优化设计

针对性进行高压富水段的优化设计,一是适当降低围岩结构等级判定,合理强化围岩支护参数设计;二是合理加密环向排水盲沟设计;三是根据水量、水压、富水断面范围,必要时合理增加全断面防排水措施;四是山体溶洞区、地下水通道等较大较集中的排水通道布设时,考虑增设泄水洞排水辅助坑道。

(五)严控纵、横向排水盲沟

隧道纵、横向盲沟受隧道内其他作业影响较大,必须严格控制盲沟施工质量。纵向排水盲沟在填充面紧靠隧道横坡较低侧,横向盲沟设置在仰拱填充面施工缝处,在填充面其他部位渗漏水时,盲沟在集中出水处加密。为保证盲沟排水通畅,盲沟底高程均不能低于两侧沟壁上的泄水孔,顶部铺设防水板、土工膜防止混凝土灰浆下渗堵塞。如图 5-56 所示。

a)

b)

图 5-56　隧道底盲沟施工

（六）隧底泄压

针对隧道高压富水段落，为防止营运期衬砌拱脚及隧底水压积累不良影响，在隧道两侧水沟施工完成后，在水沟底部合理布设竖向泄压孔进行泄压（图5-57），同时在泄压孔内套高出水沟底部10cm的PVC管以防止沉淀物堵塞泄压孔。

图5-57　隧道两侧水沟底钻孔泄压

第四节　路　面　工　程

一、原材料管控

注重原材料品质管控，狠抓沥青、碎石等路面关键原材料质量。路面施工单位进场后，业主组织对沿线石场进行详细调查，特别是磨耗层石料，对项目沿线及周边等市县石场进行详细调查，对石料技术指标进行详细对比，优中选优，确保上面层石料质量，同时严控甲供材如沥青、水泥等的质量，严禁不合格材料入场。

（一）严把碎石品质关

1. 做实设计调研

设计阶段按照"因地制宜、就地取材"的原则，加强沿线路面原材料的实地调查，结合石场运距、生产能力和石料储量、价格、质量等技术经济指标，推荐适合于沥青面层、水泥混凝土面层和水稳层用的碎石供应石场。根据项目特点和勘察资料，本着"绿色、低碳、环保"理念，研究隧道弃渣应用于路面结构层的可行性，设计单位应结合详勘资料计算隧道洞渣利用方量，明确洞渣加工工艺要求和路面结构层使用部位，采取路面与土建捆绑招标的方式充分利用隧道洞渣。

2. 把好石场准入关

路面工程石场严格实行准入制,施工单位在路面集料石场确定前,由项目业主、监理、试验检测中心等有关人员进行现场考察并取样送检,报请监理和业主批准后才能签订供料合同。集料供应石场考察重点关注石料来源及岩性、材质稳定性、加工设备与生产能力、场地、加工规格等。

3. 严管碎石加工过程

为提高路面碎石加工生产标准化程度,鼓励项目垫层、水泥稳定碎石基层采用"一体化备料",统一母材、加工工艺、规格等指标要求。水泥稳定碎石基层集料加工采用反击破法,沥青面层集料加工须采用三级及以上破碎工艺,头破设备后宜加5cm振动筛,最后一级破碎及回破破碎应采用反击破法,石料加工宜采用引风式除尘设备进行除尘。

4. 动态把控碎石质量

除施工单位自检外,检测中心每周应不定期抽检,业主和监理发现问题时立即要求停止生产并委托检测中心抽检。进行高频率的巡查和随机抽检,实现对碎石质量的动态把控,避免了不合格碎石进入拌和站的储料仓,同时为实现对碎石生产质量的实时监控,鼓励项目采用碎石生产线视频监控系统等信息化手段,规范石料生产工艺及流程。如图5-58 ~ 图5-60所示。

(二)规范机制砂生产加工工艺

沥青路面面层混合料的细集料采用石灰岩、辉绿岩等碱性石料生产机制砂,推荐采用5~10mm、10~20mm 档规格母材各50%掺配上料,过程中加强对机制砂母岩质量监管,要求试验检测中心定期对母岩岩性进行检测。生产线要求采用立轴式冲击破碎及二级干法除尘工艺,机制砂生产区加装降尘设备,并采用彩钢厂棚全覆盖围闭,防止污染环境,如图5-61 所示。

a)

b)

图5-58 隧道洞渣加工生产线

图 5-59　料源考察　　　　　　　图 5-60　碎石生产线视频监控系统

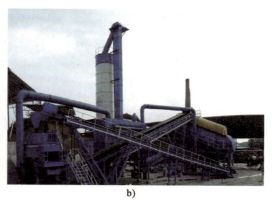

a)　　　　　　　　　　　　　　　　b)

图 5-61　机制砂生产线

（三）强化各个质量监管环节管控

1. 沥青指标采用现行国标及美国 SHRP 沥青 PG 性能等级进行双控

在甲供材料招标文件中增加全套指标外送检验的批次要求，预留专项计量支付条款，普通沥青按 4000t（或船）一个批次进行国标全套指标检验和美国 SHRP 沥青 PG 性能等级检验；改性沥青按 2000t 一个批次进行国标全套指标检验，4000t 一个批次进行美国 SHRP 沥青 PG 性能等级检验。

2. 实施沥青驻库监管制

由业主、施工、监理、试验检测中心委派专人对沥青进库、储存、生产（改性沥青）、运输、接收、检验等各个环节进行全过程监管（图 5-62）。

3. 加大对到场沥青抽检频率

要求每车沥青运达现场后，施工单位应会同监理、试验检测中心现场验收并留样备检：普通沥青检验三大指标（针入度、延度、软化点），改性沥青检验四大指标（针入度、延度、软化点、弹性恢复),同时加强改性沥青老化后指标的抽检工作。

图 5-62 沥青质量全过程监管

4. 推行改性沥青 SBS 掺量快速检测技术

采用红外光谱法、电化学分析法等方法对改性沥青 SBS 掺量进行快速定量检测,加强对改性沥青质量监管。如图 5-63、图 5-64 所示。

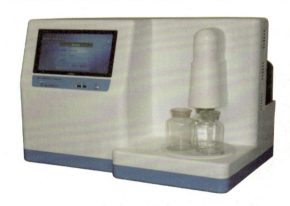 

图 5-63 改性沥青 SBS 含量检测仪　　　　　图 5-64 改性沥青 SBS 掺量快速检测

二、设备、工艺管控

路面工程主要机械设备严格实行验收准入制,在合同中明确拌和楼、摊铺、碾压等关键设备型号和数量要求,从设备上保障路面施工质量。通过鼓励创新工艺提高路面施工均匀性,降低路面附属施工劳动强度,改善特长隧道施工作业环境,引入无损检测设备提高检测效率及覆盖面。

(一)水稳拌和楼采用振动拌缸 + 分级加水

为提高水稳混合料均匀性,要求水稳拌和站使用振动拌缸,并创新性地实行分级加水拌和,第一级拌缸加总水量的40%(以不扬尘为宜),第二级拌缸加剩余水量,保障水稳混合料拌和均匀性。如图5-65所示。

a)

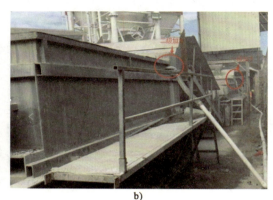
b)

图5-65　水稳振动拌缸+分级加水

(二)把好沥青拌和楼的准入关

热拌沥青混合料采用工艺先进、品牌成熟的间歇式拌和楼,合同文件对拌和楼信号、数量、性能提出明确要求,并采用液化天然气(LNG)加热系统,保障沥青混合料生产稳定性。图5-66和图5-67分别为沥青拌和楼和LNG加热系统。

图5-66　沥青拌和楼

图5-67　LNG加热系统

(三)采用滑模摊铺机摊铺施工

主线及隧道水泥混凝土路面采用滑模摊铺机摊铺施工(图5-68),混凝土坍落度控制较好,平整度有效提升,较传统三辊轴工艺,混凝土施工均匀性和强度得到了切实保障。

(四)特殊结构或大型桥梁沥青层铺装配备震荡式钢轮压路机

对于特殊结构或大型桥梁桥面沥青路面施工,招标文件明确施工单位配备震荡式钢轮压路机(图 5-69),避免传统振动式钢轮压路机施工损伤桥梁结构物。

图 5-68 水泥混凝土路面滑模摊铺机摊铺施工

图 5-69 震荡式钢轮压路机

（五）水稳层边部支模加固方式进行施工

为保证水泥稳定碎石基层边缘压实度,采取结构层侧边支立槽钢侧模工艺施工。纵向钢模板采用槽钢制作,在槽钢背部设有钢筋支撑固定,两块模板间采用插销式连接保证不错台,采用拉线保证模板线形的直顺,如图 5-70 所示。

图 5-70 钢模板支护保证边部碾压质量

（六）水稳层层间水泥净浆撒布机

为保证上下基层之间的有效黏结，提高水稳基层整体受力的完整性，采用水泥净浆撒布机，提高水泥净浆撒布的施工精度及质量（图5-71）。经取芯验证，水稳基层芯样能连成一体。

a)

b)

图5-71 水稳层层间水泥净浆撒布机

（七）水稳基层边部洒水泥浆施工工艺

为保证边部压实度，可对水稳基层边部进行补洒水泥浆，避免因边部离析造成的质量缺陷，大大提升水稳基层边部施工质量。如图5-72所示。

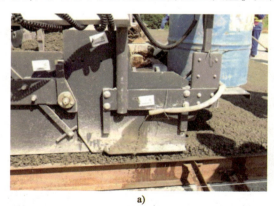

a)

b)

图5-72 水稳基层边部洒水泥浆施工工艺

（八）沥青摊铺机螺旋布料柔性兜网

通过在摊铺机螺旋布料器后侧挡板上设置柔性兜网（图5-73），保证摊铺机螺旋布料的后侧粗集料不滚落，避免沥青混合料产生竖向离析，提高沥青面层的摊铺质量。

图 5-73 沥青摊铺机螺旋布料柔性兜网

(九) 胶轮压路机自动喷油系统

传统沥青路面施工中工人作业环境较差,尤其是配合胶轮自动喷油的工人,需要不间断跟摊铺机行走喷油,劳动强度大、危险性较高。通过在胶轮压路机上加设一套自动喷淋装置,在碾压过程中实现防粘油物自动无死角喷洒,不仅保证了擦油、防粘效果,还避免工人在压路机轮前作业带来的安全隐患。图 5-74 为胶轮压路机自动喷油系统。

a)

b)

图 5-74 胶轮压路机自动喷油系统

(十) 路缘石及中分带水沟滑模施工

纵向排水沟、护栏基础、路缘石及基础等路面附属推广采用滑模摊铺施工(图 5-75),大大提高施工效率,保证外观质量、线形顺直,同时又节约了预制存放场地。

(十一) 土路肩填土滑模施工

采用土路肩滑模施工可连续作业,自动化程度高,减少人工操作,同时填土无须多次倒运,多点施工,交叉施工干扰少,有效提高了土路肩填土线形、压实度,减少污染源,打造路面附属"零污染"施工。图5-76、图5-77分别为土路肩滑模施工设备及其施工效果。

a)

b)

图5-75　护栏及路缘石采用滑模摊铺施工

图5-76　土路肩滑模施工设备

图5-77　土路肩施工效果

（十二）改善特长隧道沥青路面施工环境

特长隧道沥青路面施工过程中，通风困难、照明不佳、施工人员作业条件差。为改善施工环境，一是通过采用温拌沥青有效降低洞内气体排放；二是提前筹划采用"永临结合"方式保障洞内高低压通电，提前完成特长隧道通风、照明系统，在洞内沥青面层施工时投入使用，有效改善隧道内施工作业环境；三是应用净味环保沥青，通过加入一种中和沥青烟气的添加剂，有效降低沥青烟气达95%以上。图5-78为青云山隧道沥青路面施工通风照明，图5-79为九连山隧道净味环保沥青的应用。

（十三）采用沥青面层无损检测技术

充分利用自动化检测和监控手段，有效监控沥青路面施工质量。沥青路面施工过程中采用"无核密度仪""手推式高精度激光纹理仪""沥青路面全断面渗水状况快速检测系统""SCRIM横向力系数检测车"等无损检测手段（图5-80～图5-83），判定沥青路面施工质量均匀性，协助查找路面质量问题原因，及时提出改进意见并优化施工，保证沥青路面质量和使用寿命。

图5-78 青云山隧道沥青路面施工通风照明

图5-79 九连山隧道净味环保沥青摊铺无烟气

图5-80 无核密度仪

图5-81 手推式高精度激光纹理仪

图5-82 沥青路面全断面渗水状况快速检测系统

图5-83 SCRIM横向力系数检测车

三、零污染管控

牢固树立路面"零污染"意识,从组织准备、工作面交验、交通管制、施工过程和违规处罚等方面,明确路面工程"零污染"施工相关要求,督促各参建单位落实路面施工"零污染"措施。

（一）路基"全断面"交验

推行路基"全断面"交验，交验前完成路段范围内的排水、防护、绿化等涉土工作，有效减少交叉施工干扰。

（二）前置附属工程施工

通过设计优化增加护栏和路缘石基础，水稳下基层完成后就开始路缘石、护栏安装。将路缘石、护栏施工工序提前，同时提早推进中分带填土及绿化，为后续合理组织机电、绿化等交叉作业创造条件，提前预埋土路肩机电管线，减少后续机电施工土路肩反开挖，减少了后期施工交叉污染。如图5-84所示。

图5-84　优化附属设计与前置附属施工

（三）路面隔离防污染

为保证基层、沥青面层层间黏结效果和加强现场文明施工，同时避免对相邻结构物造成污染，施工期间在各施工路口铺设土工布，以避免施工车辆从土路进入基层路面造成的污染；沥青路面透层、下封层、桥面防水层及粘层油洒布时，对中分带护栏采用塑料薄膜遮盖，防止沥青油飞溅污染混凝土外观。如图5-85～图5-87所示。

a)

b)

图5-85　碾压前采用彩条布、土工布清洁车轮

a)　　　　　　　　　　　　　　　b)

图 5-86　新泽西护栏、水沟盖板、路缘石覆盖薄膜防沥青污染

a)　　　　　　　　　　　　　　　b)

图 5-87　纵向水沟、挡墙覆盖防沥青污染

（四）专用培土设备

为避免中分带填土污染路面基层，在中分带填土施工中采用牵引式侧向自动送土机（图 5-88），操作简便、效率高，填土方量易控制，有效避免了路面污染。

a)　　　　　　　　　　　　　　　b)

图 5-88　牵引式侧向自动送土机填土

（五）交通管制

项目业主统筹规划、封闭部分施工便道出入口，组织路面施工单位对剩余出入口路面硬化，并采用自动洗车槽等装置，实行"门岗+通行证"管理，施工车辆发证通行，严禁社会车辆进入。如图5-89、图5-90所示。

a)

b)

图5-89 设置洗车池、铺设土工布，对进入主线的车辆进行清洗

a)

b)

图5-90 "门岗+通行证"管理

第五节　附属工程

一、房建工程

（一）房建工程纳入主体土建捆绑招标

结合广东省交通运输厅关于充分发挥高速公路标准化管理"两大一优三集中"的大标

段管理要求,省南粤交通公司所属项目房建工程采用同主体土建工程施工捆绑招标的模式,充分发挥"大标段"的管理优势,有效保障了房建工程施工质量和施工工期。借助大标段的优势实现钢筋、水泥、砂石等大综原材料统一采购,有助于从源头控制房建工程质量,有效节约施工成本及控制混凝土质量,也减少房建与主体土建施工的交叉协调。

(二)精心打造"收费员的家"

房建工程收费员宿舍设计多为2人住宿,私密性较差,宿舍卫生间通风采光差,布局不合理。仁博项目仁新段联合设计单位对收费员宿舍从平面布局、家具配置等方面进行精心设计,合理规划,打破常规;卫生间对流通风、洗漱分隔、干湿分区;房间储物柜整体打造、空间相对私密,为运营收费人员打造舒适的生活环境,提高收费人员的生活品质。图5-91为收费员宿舍布置图。

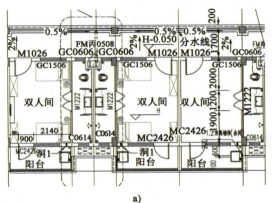
a)

b)

图5-91　收费员宿舍布置图

(三)打造特色服务区

省南粤交通公司高度关注地方经济发展,根据各项目地域特点和地方需求,积极推动地方合作拓展服务区功能。仁博项目仁新段依托广东省韶关市翁源县优质的农业资源,同翁源县政府进行集特色农产品展销、展示、农业观光休闲为一体的特色服务区合作开发,将翁源服务区打造成开放式"绿色生态农业"特色示范服务区,既可丰富驾乘人员路途体验,有效宣传地方特色农产品,也进一步提升项目公共服务设施的品质形象。图5-92为翁源服务区整体规划效果及实景图。

二、交通工程

(一)护栏立柱质量控制

护栏立柱是波形梁护栏的重要组成部分,护栏立柱质量直接影响护栏的防撞能力及美观性。省南粤交通公司根据当前波形梁护栏施工过程管控及工后存在的漏洞和薄弱环节,强化过程管控,积极推广应用新工艺工法。

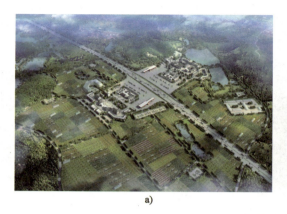

图 5-92　翁源服务区整体规划效果及实景图

1. 设计优化

外侧波形梁护栏一般设置在土路肩范围,由于土路肩横坡影响,防阻块离路面的起算面与立柱埋深起算面存在偏差,同时,路肩填土后期存在一定的沉降,导致立柱埋深不够。为了确保波形梁护栏立柱的埋深和防阻块(横梁)高度满足要求,在设计阶段对外侧波形梁护栏立柱的总长度均增加 2cm 设计,确保护栏防撞满足规范要求。

2. 细节控制

波形梁护栏施工过程中进行立柱拉线准确定位,通过土路肩填土高度及宽度界面交接验收,确保后续护栏立柱埋深满足规范要求,立柱外边缘距路肩边线距离符合设计,采用护栏打桩机锤头套筒新工艺(图 5-93),解决护栏立柱打入时端头变形问题,提高立柱定位安装的安全性。

图 5-93　护栏打桩机锤头套筒施工

3. 强化过程监管

施工完的护栏立柱及时进行现场检测,主要检测项目为横梁中心高度、立柱埋深、立柱中距及竖直度、立柱外边缘距路肩边线距离、镀锌层厚度及钢管壁厚度等,要求立柱镀锌层、壁厚、长度等指标全部合格,立柱外露长度、埋深和立柱中距及竖直度、立柱外边缘距路肩边线距离抽检合格率90%以上,否则判定为不合格。逐根进行检测,返工不合格的立柱。图5-94为立柱施工标准化及效果。

a)

b)

图5-94 立柱施工标准化及效果

（二）护栏板质量控制

为解决波形梁护栏板卸车破坏路面、护栏板变形、破坏镀锌层等通病,仁博项目新博段采用自动"卸板机"工艺(图5-95),有效提高安装效率,确保波形护栏耐久性。

图5-95 自动"卸板机"工艺

（三）打造路面标线"光亮工程"

交通标线是渠化交通、诱导线形、保障交通安全的重要设施之一,在以往公路交通标

线产品质量、建设施工中,存在原材料以次充好、施工质量把控不严等问题。为进一步加强高速公路交通标线质量管控、有效提升施工质量水平,省南粤交通公司组织开展了打造路面标线"光亮工程"专项行动。

1. 加强设计管理

在严格执行国家和行业标准规范的基础上,提高热熔反光型标线涂料相关原材料的设计指标要求,白色非雨夜反光标线设计等级按不低于Ⅱ级的标准控制($\geq 250 \text{mcd} \cdot \text{m}^{-2} \cdot \text{lx}^{-1}$);玻璃珠内混比例指标按20%~25%控制,面撒、内混玻璃珠的粒径型号采用1号玻璃珠,成圆率指标按≥90%控制;钛白粉TiO_2的质量分数指标按A1型等级控制(≥98%),全面提高了标线反光系数及耐磨性指标。

2. 强化原材料管理

为切实加强交通标线质量管控,确保供应标线材料质量可靠、货源充足,对标线材料实行准入制,明确标线材料生产厂家准入条件,推行原材料台账管理制度,实施全过程精细化管理,对主要关键原料进行抽样送检,加大送检频率,杜绝不合格材料用于施工现场。

3. 加强施工质量过程管理

严格执行标线施工"首件制"管理,扎实做好试验段标线"首件"总结和验收,通过"首件"总结固化标线施划工艺工法。强化标线施划过程中的污染防控措施,加强交通管制确保标线施划质量。

4. 加强全过程检测

加大标线原材料的检测频率,过程中加强施划标线质量监督,加大对标线厚度、逆反射系数等指标检测频率,通过对检测发现的质量问题进行梳理研究,不断优化施工工艺,及时消除质量通病。

5. 全天候雨夜标线

为提高标线全天候反光性能,部分项目在关键路段采用热熔型全天候雨夜反光标线,提高路面标线的逆反射系数,增加在雨天和潮湿状态下的标线反光性能,有效降低交通安全事故,如图5-96~图5-99所示。

三、机电工程

(一)桥架和灯具线形控制工艺

为提高桥架、灯具整体线形,通过联合设计对原图纸进行托臂加长、安装角度可调改进,通过上下调节孔来调节桥架水平面,再确定底座安装位置来打孔安装,在灯具尾线接入桥架过程中采用打卡固定,使电缆桥架线形整体顺直。图5-100为角钢托架工艺改进后效果。

图5-96 自动化施划设备

图5-97 全天候雨夜微晶珠

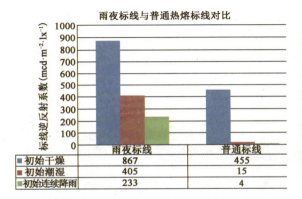

图5-98 雨夜标线与普通热熔标线性能对比

图5-99 雨夜反光标线效果

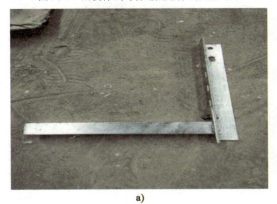

a)

b)

图5-100 角钢托架工艺改进后效果

(二)桥梁托架与管箱移动式钻孔装置

采用桥梁托架与管箱移动式钻孔装置(图5-101),工人站在桥面简单操作即可实现准确定位钻孔,显著提高桥梁托架与管箱安装线形和工效,大大降低高空作业风险。

图 5-101　移动式钻孔装置

(三)机电设备集成化

贯彻集成化设计理念,探索推进整体式 IDC(互联网数据中心)机房、整体式智慧收费亭、监控软件一体化等机电系统设计,实现机电系统设备快速整体部署,积极推进产品化、智能化工程建设。如图 5-102~图 5-105 所示。

图 5-102　智慧收费亭

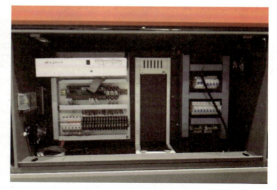

图 5-103　收费亭设备仓布设图

图 5-104　整体式 IDC 机房

图 5-105　高分可视化系统

第六章

结语

　　"品质工程"最重要的落脚点还是工程实体质量,本册围绕工程实体质量的保证和提升,结合省南粤交通公司的项目实际,针对工程实际中容易出问题的部分进行了较详细的阐述,主要介绍了相关的经验及做法,以期为同类项目创建"品质工程"提供一定的借鉴。

　　创建"品质工程"是一个系统性的工作,需要从各方面进行提升。实体工程质量的保证源自建设各方的努力,希望"品质工程"可以切实提高我国公路建设的整体水平,为人民群众提供令其满意的公路产品。